ADAC Reiseführer

Zypern

von Ellen Katja Jaeckel

W0190725

 ADAC Top Tipps

Das müssen Sie gesehen haben!
Die zehn Top Tipps bringen Sie
zu den absoluten Highlights.

 ADAC Empfehlungen

Unterwegs gut beraten: Diese
25 ausgesuchten Empfehlungen
machen Ihren Urlaub perfekt.

Preise für ein DZ mit Frühstück:
€ | bis 70 €
€€ | bis 130 €
€€€ | ab 130 €

Preise für ein Hauptgericht:
€ | bis 12 €
€€ | bis 22 €
€€€ | ab 22 €

Inhalt

◼ Intro

◼ ADAC Quickfinder

*Hier finden Sie die Orte, Sehens-
würdigkeiten und Attraktionen,
die perfekt zu Ihnen passen.*

◼ Unterwegs

 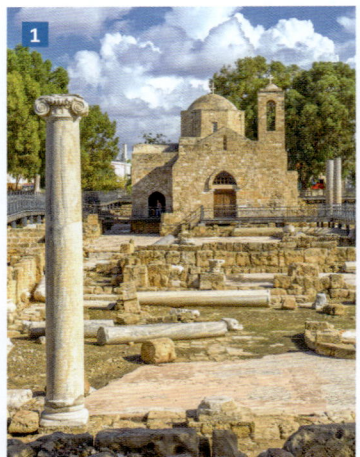

🌊 *Zu diesen Orten und Sehenswürdigkeiten finden Sie Detailkarten
im Innenteil des Reiseführers.*

■ Service

*Alle wichtigen reisepraktischen
Informationen – von der Anreise
über Notrufnummern bis hin zu
den Zollbestimmungen.*

Umschlag:

ADAC Top Tipps: Vordere
Umschlagklappe, innen ❶

ADAC Empfehlungen: Hintere
Umschlagklappe, innen ❷

Übersichtskarte Zypern West:
Vordere Umschlagklappe, innen ❸
Übersichtskarte Zypern Ost:
Hintere Umschlagklappe, innen ❹
Stadtplan Nikosia: Hintere
Umschlagklappe, außen ❺
Ein Tag in Nikosia: Vordere
Umschlagklappe, außen ❻

Drehkreuz der Kulturen und Kontinente

Die drittgrößte Mittelmeerinsel ist vom Alten Orient,
Ägypten und dem hellenischen Raum geprägt

Auch der Norden Zyperns lohnt einen Besuch, zum Beispiel das malerische Girne

Zypern, die zugleich östlichste und südlichste Insel des Mittelmeeres und nach Sizilien und Sardinien mit 9251 km² die drittgrößte, liegt am Schnittpunkt der Kontinente und uralter Handelsrouten, die seit jeher von Asien und Afrika nach Europa und zurück führen. So nimmt es nicht wunder, dass die Insel im Laufe ihrer über 10 000-jährigen menschlichen Besiedlung aufgrund ihrer exponierten geostrategischen Lage zum Spielball der unterschiedlichsten Herrscher wurde: Türken, Briten, Osmanen, Venezianer, Franken, Byzantiner, Hellenen, Ägypter, Perser, Assyrer und Phönizier – sie alle hinterließen nachhaltige Spuren und formten die heutigen Bewohner. Die Zyprioten sind als Levantiner offen und herzlich, ihre Sprachen verdanken sie den Hellenen und Osmanen, ihre Küche verrät den Einfluss des

Nahen Ostens. Gleichzeitig wirkt Zypern mit seinen gut ausgebauten Straßen, seinen ausgedehnten Waldflächen und der lieblichen Landschaft viel mitteleuropäischer als so manch andere Mittelmeerinsel. Und schon auf dem Weg vom Flughafen zur Unterkunft fällt ein Erbe der Briten auf: In beiden Teilen der Insel gilt das Linksfahrgebot!

zunehmend auch im Winter Touristen an. Die verschiedenen Vegetationszonen im Hochgebirge des Tróodos, an den nach Norden steil abfallenden Kyrenia-Bergen sowie an den Steilküsten und Dünen von Akámas lassen mehr als 150 endemische Pflanzenarten gedeihen. Schon ab Februar begeben sich Wanderer auf gut ausgeschilderten Wegen auf die Suche nach den rund 50 auf Zypern wachsenden Orchideen, darunter so seltene wie »Ophrys Kotschyi«. Im März schießen plötzlich Millionen von intensiv duftenden weißen Blüten aus dem dunklen Laub der ausgedehnten Zitrus-

Der Tróodos-Nationalpark bietet vielfältige Wandermöglichkeiten (unten) – Orchidee Ophrys Kotschyi (ganz unten)

Der Garten der Aphrodite

Es gibt viele gute Gründe, nach Zypern zu reisen. Die meisten der jährlich fast drei Millionen Besucher kommen der Sonne wegen, die hier zwischen April und Oktober zuverlässig scheint. Beliebte Ferienorte mit ausgezeichneter Infrastruktur liegen an den Stränden im Südosten und Südwesten der Insel. Zypern ist die wärmste Mittelmeerinsel und zieht wegen des milden Klimas

Im Frühling gleicht jede Wiese einem Blütenteppich (oben) – Traditionelle Handarbeiten (Mitte) – Die zyprische Küche ist einfach köstlich (unten)

zeit für Naturliebhaber, im März und April, gleicht ganz Zypern einem Blütenteppich mit Zistrosen, Gladiolen, Anemonen, Goldwurz, Iris, Alpenveilchen und Mimosen. Die griechische Mythologie beschreibt die Insel nicht nur als Geburtsort der Liebesgöttin Aphrodite, sondern auch als ihren Garten. 20 % der Inselfläche sind von Wäldern bedeckt. Noch bis in den November hinein herrschen angenehme Temperaturen auf der Insel, und mit ein bisschen Glück kann man an Weihnachten am selben Tag im Meer baden und im Tróodos Ski fahren!

Kulturmix für Architekturliebhaber

Hellenistische Nekropolen, römische Luxusvillen, frühchristliche Basiliken, mittelalterliche Burgen, gotische Kathedralen, byzantinische Kirchen, os-

fruchtplantagen, von denen sich der britische Schriftsteller Lawrence Durrell zu seinem Bestseller »Bittere Zitronen« inspirieren ließ. Zur schönsten Reise-

manische Erker, britische Kolonialbauten, türkische Moscheen … wenige Orte bieten auf so kleinem Raum eine solche architektonische und historische Vielfalt. All dies mag es im Einzelnen anderswo auch geben, aber gewiss nicht in dieser Kombination. Darüber hinaus weist Zypern einzigartige architektonisch-kulturhistorische Baulichkeiten auf. Dazu gehören die kleinen Scheunendachkirchen im Tróodos, an denen so mancher achtlos vorbeizieht. Schade, denn im Inneren überraschen sie mit kostbar gemalten, teils 1000-jährigen Fresken, die man als »Bibel für Analphabeten« lesen kann. Und noch eine Besonderheit: Als die Osmanen die Insel eroberten, ersetzten sie so manchen gotischen Turm durch ein Minarett und verwandelten damit Kirchen in Moscheen – ein clash of civilizations, der bis heute verwundert, bestürzt oder auch verzückt.

Kopiáste – kommt, esst und trinkt mit uns!

Jenseits seiner staatlichen Grenzen ist Zyperns Küche ein wohlgehütetes Geheimnis. Von den vielen Eroberern im Laufe seiner schicksalhaften Geschichte haben sich die Zyprioten das Beste herausgepickt. Die zyprische Küche ist weder scharf noch übermäßig schwer, sie ist kreativer als die griechische im Umgang mit Gewürzen und holt sich so manche Anregung aus dem Orient, vor allem, was die Verwendung von Sesam anbelangt. Von den Briten übernimmt sie nicht nur das üppige Frühstück, das sie mit Oliven, Joghurt und Tomaten anreichert, sondern viele Nachspeisen wie leckeren Pudding. Die Engländer brachten über Indien exotische Gewürze wie Curry und Ingwer mit nach Zypern, und auch Zimt findet reichlich Verwendung, z.B. in Gulaschgerichten.

Flanieren auf der Palmenpromenade in Limassol

Haloumi-Käse wird gegrillt, geschmolzen, gerieben und schmeckt am besten mit frischer Minze zu Brot, Oliven und trockenem Wein.

> *Sieh einmal, ein paar Flaschen Zypernwein! Die sollen mir vortrefflich schmecken! … Das ist ein Wein, das ist ein Wein!*
>
> Pedrillo, achter Auftritt in Mozarts Oper »Die Entführung aus dem Serail«

Zypernwein war übrigens bereits im alten Rom zu Recht berühmt und fand sogar Eingang in die Musikwelt: Mozart erwähnt ihn ausdrücklich in seiner »Entführung aus dem Serail«. Schon die mittelalterlichen Johanniter fanden Geschmack am Süßwein »Commandaria«, dessen Etikett bis heute das Johanniterkreuz schmückt. Das zyprische Nationalgetränk »Brandy Sour« aber geht auf einen Besuch des ägyptischen Königs Farouk zurück. Einen Querschnitt durch Zyperns Küche bekommt man am besten bei einem opulenten Mezé-Essen, einer Auswahl von etwa zwei Dutzend Häppchen quer durch die zyprische Speisekarte.

Ein angenehmes Reiseland
Zypern ist ein sicheres Land, in dem sich auch allein reisende Frauen keine Sorgen machen müssen. Die Verständigung auf Englisch ist zumindest in der Republik Zypern, dem griechischsprachigen Süden, problemlos, die touristische Infrastruktur und die Ver-

So schön wie die Göttin der Liebe ist auch der nach ihr benannte Strand

kehrsführung sind hervorragend. Trotz der seit 1974 bestehenden Teilung der Insel wird der Tourist keine Nachteile durch innerpolitische Spannungen erfahren, im Gegenteil: Ein Ausflug in den türkischsprachigen Nordteil gehört seit der sukzessiven Grenzöffnung ab dem Jahr 2004 schon fast zum Pflichtprogramm einer Zypernreise. Als Besucher muss man sich glücklicherweise nicht mehr zwischen den Sehenswürdigkeiten der einen oder anderen Inselhälfte entscheiden, mühelos überquert man die Demarkationslinie. Ein paar harmlose Formalitäten sind an den Checkpoints zu erledigen, die Abfertigung durch die Grenzbeamten auf beiden Seiten geht freundlich und zügig vonstatten. So gilt es, die Insel in ihrer ganzen Schönheit zu erfassen.

Hauptstadt Nikosia

Sprachen Griechisch; Türkisch

Währung Euro; Türkische Lira

Fläche 9251 km² (etwa die Hälfte der Fläche von Sachsen), davon sind ca. 3 % britisches Hoheitsgebiet.

Einwohner 1,1 Mio., das entspricht der Einwohnerzahl von Köln. Davon leben ca. 840 000 im Südteil.

Bevölkerungsdichte 1123,4 Einwohner pro km²

Staatsform Republik. Zypern ist seit 1974 geteilt. 1983 wurde die »Türkische Republik Nordzypern« (TRNZ) ausgerufen.

Tourismus ca. 3 Mio., davon 39 % Briten und 19 % Russen

Religion 78 % orthodoxe Christen, 18 % vorwiegend sunnitische Muslime, Minderheiten: katholische Maroniten, Juden, anglikanische Briten

....

Darin sind die Zyprioten Weltmeister Im Feiern! Zur Dorfhochzeit sind rund 1000 Gäste geladen.

Sonnentage pro Jahr 340

Berühmteste Zypriotin ist die Liebesgöttin Aphrodite.

Zyperns Exportschlager sind fest kochende Frühkartoffeln.

Erstes Land, das von einem Christen regiert wurde (45 n. Chr.).

9

Das will ich erleben

Meer und Berge, klösterliche Abgeschiedenheit und pulsierende Städte – die Mittelmeerinsel Zypern bietet für jeden Geschmack etwas. Wer sich nur auf den Saum der Insel, ihre sauberen Kies- und Sandstrände, beschränkt, riskiert, das Beste zu verpassen: Die Entfernungen sind nicht allzu groß, und so lohnt es, einen Abstecher ins bergige Hinterland zu machen und sich auf Spurensuche nach der Göttin der Liebe und den Kreuzrittern zu begeben.

Abwechslungsreiche Natur

Im Frühling über Blumenwiesen, im Sommer in schattigen Wäldern, im Herbst durch Weinanbaugebiete und im Winter an den Küsten: Beim Spaziergang auf den hervorragend ausgeschilderten Naturlehrpfaden lernt man die Insel am besten kennen. Allein die Namen mancher Wanderwege lassen der Fantasie freien Lauf:

Überraschende Architektur

Von außen ähneln sie Berghütten, im Innern zeigen sie großartige byzantinische Fresken: Zyperns Scheunendachkirchen sind einzigartig. Die Osmanen schlugen vielerorts die Kirchtürme ab und setzten Minarette auf Kathedralen. Und dank der französischen Lusignan-Könige fand die Gotik ihren Weg bis ins östliche Mittelmeer.

Schlemmen wie die Götter

Zyperns Küche ist genauso vielfältig wie seine Geschichte. Die Basis ist griechisch, doch gewürzt wird orientalisch, und die Nachspeisen sind häufig englisch. Den besten Eindruck bietet ein Mezé-Essen, für das man nicht nur Zeit, sondern auch Hunger und Ausdauer mitbringen sollte.

Die besten Mitbringsel

Duftende und kulinarische Spezialitäten von Bauernmärkten oder aus Klostershops halten zu Hause die Erinnerung an Zypern wach. Die staatlichen Handicraft Centers bieten handwerklich hervorragende Waren, die sich auch als Mitbringsel eignen.

Schöner Wohnen in der Antike

In hellenistischer Zeit löste Páphos Sálamis als Hauptstadt ab, und auch unter den Römern blieb die Stadt Sitz des Provinzgouverneurs. Ihr archäologischer Park steht zu Recht unter dem Schutz der UNESCO. Die Villa des Eustólios in Curium überzeugt durch ihre Panoramalage.

Eine politische Reise

Nikosia hat mit Berlin nicht nur Graffiti gemeinsam: Die Stadt ist, wie einst die deutsche Metropole, geteilt. Seit 1974 sind der türkisch-zypriotische und der griechisch-zypriotische Teil der Insel durch die sogenannte Grüne Linie getrennt. Sandsäcke, Stacheldraht und Wachtürme haben die Bevölkerung beider Inselteile entzweit.

Erlebte Geschichte

Aufgrund ihrer geostrategischen Lage am Kreuzweg der Kontinente ist die Insel schon immer ein Spielball der Mächte gewesen. Nur an wenigen Orten der Welt kann man auf solch kleinem Raum eine so große historische Vielfalt erleben.

Die schönsten Strände

Fast karibisch sind die Strände im Südosten Zyperns, und die Hotellerie hat daraus Nutzen gezogen. Ruhig ist es in der Hauptsaison nicht, dafür ist die touristische Infrastruktur hervorragend. Wer ruhigere Ort bevorzugt, findet auf der Halbinsel Akámas sein Glück oder fährt auf die Karpás-Halbinsel in den äußersten Nordosten.

Zypern für Groß und Klein

Wohin mit den lieben Kleinen, wenn diese partout nicht für alte Steine zu begeistern sind und in der dritten byzantinischen Kirche streiken? Traumhafte, flache Sandstrände und Tiere lassen Kinderherzen höher schlagen: Flamingos oder dem bis zu 38 cm langen Hardun, einer Agamenart, begegnet man häufig. Nach dem zypriotischen Mufflon und der »Caretta caretta« muss man ein wenig suchen.

Ausgelassenes Nachtleben

Heiße Strandpartys, Schwoof der Älteren in den Hotels, laute Bouzoúkia für die Einheimischen und Russenkaraoke für die Zugezogenen – Zypern ist auch für sein Nachtleben berühmt. Fernab vom Touristenrummel zeigt sich die neue, kreative Szene in Nikosia.

Die besten Aussichtspunkte

Achtung, Kamera nicht vergessen. Von diesen Standorten aus fangen Sie den schönsten Blick ein: auf türkisfarbenes, klares Wasser, die venezianische Stadtbefestigung und den Grenzwall der Inselhauptstadt Nikosia, der letzten geteilten Hauptstadt der Welt.

Unterwegs

Zu Fuß, mit dem Mietwagen oder dem Bus, in Wanderschuhen oder Flipflops – auf Zypern gibt es für jeden Geldbeutel und jeden Geschmack viele Möglichkeiten, die Insel zu entdecken

Páphos und der Westen

*Von ihrem legendären Geburtsort bis zur Nordwestspitze steht
Zyperns Westküste ganz im Zeichen der Liebesgöttin*

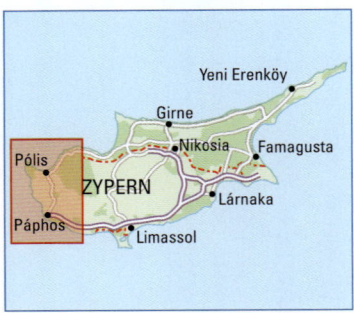

Páphos, Europäische Kulturhauptstadt
2017, steht auf der UNESCO-Liste des
Weltkulturerbes. Zu Recht! Denn die
römischen Mosaiken lassen uns in die
Bilderflut der antiken Mythologie ein-
tauchen, und die Königsgräber führen
uns noch weiter zurück in die Antike, in
die hellenistische Zeit. Besonders in
Erinnerung bleibt ein Besuch im Frühjahr, wenn zwischen den alten Steinen
bunte Blüten sprießen. So war es
schon, als die vor Páphos' Küste geborene Aphrodite ihren Fuß an Land
setzte. Von ihrer Geburtsstätte Pétra
tou Romioú ist es nicht weit zu ihrem
Heiligtum in Koúklia. Kein Wunder,
dass die Tourismusindustrie mit der
Liebesgöttin wirbt: Eine Aphrodite-
Kultur-Route führt durch Stadt und
Land, und bis heute ist die Westküste
Zyperns bei Liebespaaren hoch im
Kurs, ob für Flitterwochen oder nur
zum Entspannen am Strand. Je weiter
die Fahrt durch Bananenfelder nach
Norden geht, desto ursprünglicher

wird das Land: Die Halbinsel Akámas
ist zum großen Teil ein bis heute para-
diesisches Naturschutzgebiet.

In diesem Kapitel:

ADAC Top Tipps:

Archäologischer Park, Páphos
| Ausgrabung |
Einzigartiges Weltkulturerbe: Hervorragend erhaltene Mosaiken aus
römischer Zeit zeigen uns die Welt
der griechischen Mythologie. 19

Halbinsel Akámas
| Naturschutzgebiet |
Inmitten üppiger Vegetation genoss
schon die Göttin der Liebe das kühle
Nass. Bis heute folgen ihr Wanderer,
Spaziergänger und Schwimmer. 30

ADAC Empfehlungen:

1 Páphos

Bilderbuch der Geschichte

Das Kastell schützte Páphos in osmanischer Zeit vor Angreifern vom Meer

ℹ️ Information

- CTO: Poseidónos 63a, Tel. 26 93 05 21, Mo, Mi, Do 8–14.30, Di, Fr 8–14.30, 15–18, Winter bis 17.30 Uhr
- CTO: Agorás 8, Tel. 26 93 28 41, Mo, Do 8–14.30, 15–18, Winter bis 17.30, Di, Mi, Fr 8–14.30, Sa 8–13 Uhr
- Parken siehe S. 21

In der Römerzeit war Páphos (auch »Pafos« geschrieben) als »Augusta Claudia Flavia Paphos« Provinzhauptstadt. Schon lange zuvor war es in der gesamten hellenischen Welt als Geburtsstätte der Göttin Aphrodite, die auch Páphia genannt wurde, bekannt. Weit entfernt vom alten Aphrodite-Heiligtum in Alt-Páphos entwickelte sich die römische Stadt Neu-Páphos, geprägt von Wohlstand und verfeinerter Städtebaukunst, mit Foren, Theater, Thermen und aufwändig ausgestatteten Privatvillen, die zum Schönsten gehören, was man heute auf Zypern besichtigen kann.

Káto Páphos – die Unterstadt

Alle wichtigen touristischen Attraktionen in einem Radius von 2 km

Heute gliedert sich die Stadt Páphos in zwei Teile: Die untere Stadt – Káto Páphos – liegt am Meer und umfasst die wichtigsten touristischen Sehenswürdigkeiten rund um das Kastell.

Plan
S. 21

 Archäologischer Park
| Ausgrabung |

 *Das Gelände lädt zum Staunen,
Spazieren und Verweilen ein*

Das riesige Areal umfasst Funde von prähistorischer Zeit bis ins Mittelalter, doch die meisten Ruinen stammen aus der Römerzeit. Bauer Hasip stieß 1962 beim Pflügen auf Hartes – es waren die Mosaiken römischer Prachtvillen. Die Fundamente von vier Villen wurden seither ausgegraben und stellen mit ihren Bodenmosaiken eine Bilderflut der Mythologie dar. Einige mytholo-

ADAC *Mobil*

Wenn Sie in Páphos wohnen, lassen Sie das Auto am besten im Hotel und steigen auf **öffentliche Verkehrsmittel** um: Mit Bussen kommt man in ganz Südzypern gut zurecht. Die Distrikte Páphos, Limassol, Nikosia und Lárnaka haben jeweils eigene Busunternehmen, aber ein einheitliches Tarifsystem. Eine Einzelfahrt innerhalb des Distrikts kostet nur 1,50 €, ein Tagesticket 5 €. Von der zentralen Bushaltestelle am Hafen fahren alle wichtigen Linien ab. Fahrpläne sind vor Ort erhältlich.

👁 Sehenswert

1 Kástro
| Hafenkastell |

Das quadratische Kastell, ein leeres Gemäuer, stammt aus osmanischer Zeit und ersetzte einen fränkischen Vorgängerbau, der wiederum auf einem gemauerten Wellenbrecher aus der Antike errichtet worden war. Lang gehörte es zum Verteidigungssystem der Westküste, diente auch als Gefängnis und zu Beginn des 20. Jh. als Salzlager. Von der Wehrplatte bietet sich ein schöner Blick auf Hafen und Unterstadt.

■ Tgl. 8.30–17 Uhr, im Sommer auch länger, Eintritt 2,50 €, erm. 1,25 €

gische Figuren gaben den jeweiligen Villen ihren Namen: Dionysos, Aion, Theseus und Orpheus. Sie werden auf das 3.–5. Jh. n. Chr. datiert und stammen somit aus der Zeit des Übergangs vom Heidentum zum Christentum. Die meisten Personen auf den Mosaiken können mittels Inschrift ausgemacht werden: Es tummeln sich der weinverliebte Dionysos und die schwermütige Phädra, Daphne flieht vor Apoll, Theseus besiegt den Minotaurus, Narziss schaut selbstverliebt sein Spiegelbild an … Ein Lexikon der Mythologie oder eine Führung leisten gute Dienste. Das kleine Odeon aus dem 2. Jh. n. Chr. wird immer noch für musikalische Veranstaltungen genutzt. Die Burg der Vierzig Säulen (Saránda Kolónnes) stammt aus der Frankenzeit, doch wurde sie bald ein Opfer eines Erdbebens.

■ Hafen von Páphos, tgl. 8.30–19, Winter bis 17 Uhr, Eintritt 4,50 €, erm. 2,25 €

③ Agía Chrysopolítissa
| Kirche |

Ein Komplex mit über 1000 Jahren christlicher Baugeschichte! Drei Kirchen sind hier ausfindig zu machen: Auf den Ruinen einer vielschiffigen frühchristlichen Basilika entstand zu-

Die Amme Anatrofí bereitet für Achill das Bad (Mosaik in der Villa des Theseus)

nächst das byzantinische Kirchlein Agía Kyriakí, über das die heutige Kirche Agía Chrysopolítissa oder Agía Kyriakí gebaut wurde. Im Ruinenfeld steht auch der berühmte Säulenstumpf, an dem der Legende nach Apostel Paulus bei seinem Versuch, die Inselbewohner zu missionieren, gefesselt und gegeißelt worden war. Es gelang ihm aber, den römischen Statthalter Sergius Paulus zu überzeugen, der kurz darauf zum Christentum übertrat und auch viele andere bekehrte. Die heutige geweihte Kirche wird hauptsächlich von der anglikanischen Gemeinde genutzt.

■ Zugang über Odós Stasándrou

④ Königsgräber
| Ausgrabung |

Die idyllisch gelegene Totenstadt aus dem 6.–2. Jh. v. Chr. ist eine Nekropole mit Kammergräbern und monumentalen unterirdischen Atriumgräbern. Hier wurden Reiche samt Dienern und Pferden bestattet. Ihrer Form nach gleichen sie Häusern, nur dass sie unterirdisch angelegt wurden. Breite »dromoi«, Treppenwege, führen in diese Totenwelt hinunter. Die trauernden Angehörigen hatten viel Platz in diesen Anlagen. Der Ausdruck »Königsgräber« ist irreführend, er bezieht sich auf die prunkvolle Ausstattung der Gräber. Im Lauf der Geschichte wurden sie geplündert und als Rückzugsort, Versteck und im Mittelalter sogar als Wohnort genutzt. Das weitläufige Areal erkundet man am besten am späten Nachmittag, wenn die Reisebusse abgefahren sind. Unvergesslich ist der Anblick des roten Abendsonnenlichts über Gräbern und Dünen.

■ Leofóros Táfon ton Vasiléon, tgl. 8.30–19.30, Winter bis 17 Uhr, Eintritt 2,50 €

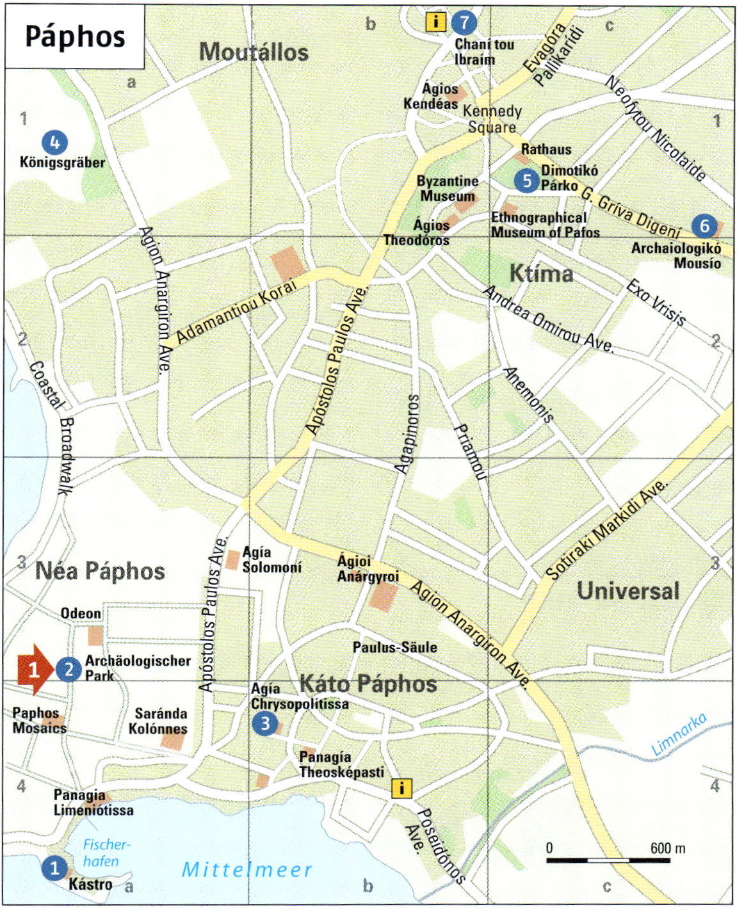

Páphos

Moutállos

Chani tou Ibraim

Ágios Kendéas Kennedy Square

Königsgräber

Rathaus

Byzantine Museum

Dimotikó Párko

Ethnographical Museum of Pafos

Ágios Theodóros

Archaiologikó Mousío

Ktíma

Agion Anargiron Ave.

Adamantiou Korai

Apóstolos Paulos Ave.

Andrea Omirou Ave.

Exo Vrisis

Coastal Broadwalk

Agapinoros

Priamou

Anemonis

Sotiraki Markidi Ave.

Néa Páphos

Odeon

Agía Solomoní

Ágioi Anárgyroi

Universal

Archäologischer Park

Apóstolos Paulos Ave.

Agion Anargiron Ave.

Paulus-Säule

Káto Páphos

Paphos Mosaics

Saránda Kolónnes

Agía Chrysopolitissa

Limnarka

Panagía Theosképasti

Panagía Limeniótissa

Poseidónos Ave.

Fischer-hafen

Kástro

Mittelmeer

0   600 m

■ Plan S. 21 a3

🚍 Verkehrsmittel

Vom Hafen fahren die Busse in die Oberstadt von Páphos, in das nahe gelegene Dorf Geroskípou und zum Waterpark, nach Coral Bay und nach Pétra tou Romioú und Koúklia sowie zum Flughafen Páphos. Die Haltestellen sind deutlich auf dem Asphalt markiert. ■ Kostenlose Fahrpläne und Auskunft im Büro am Hafen, Tel. 80005588 und www. pafosbuses.com

P Parken

Man parkt kostenlos an der Leofóros Apostólou Pávlou am Eingang zum archäologischen Park. ■ Plan S. 21 a3

🍴 Restaurants

Rund um den Hafen gibt es vor allem Touristenfallen. Hier ist kein Restaurant zu empfehlen. Die Einheimischen gehen in der Oberstadt essen (S. 22).

Ktíma – die Oberstadt

*Die eigentliche Altstadt erstrahlt
endlich wieder in neuem Glanz*

Die lange vernachlässigte Oberstadt von Páphos wird von den Einheimischen Ktíma genannt und ist Verwaltungssitz der Region. Mit Mitteln aus dem Fond für die europäische Kulturhauptstadt 2017 wurden einige Bürgersteige, Straßen und Plätze verschönert, historische Bausubstanz aus dem 19. Jh. restauriert und unansehnliche Betonbauten mit Street Art aufgehübscht. Das Ergebnis ist noch nicht vollkommen, aber Ktíma wird inzwischen auch innerzyprisch als kulturell aufstrebende Stadt wahrgenommen.

 **Sehenswert**

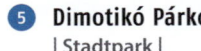 **Dimotikó Párko**
| Stadtpark |

Rund um die zentrale Grünanlage stehen eine Reihe schmucker klassizistischer, schneeweißer Gebäude aus der Kolonialzeit des frühen 20. Jh., angelehnt an die neoklassizistische Stadtplanung Athens. Vor dem Gymnasium fällt ein Marmorrelief auf: Ein Junge kämpft gegen einen Löwen – eine Allegorie des bewaffneten Aufstandes in den 1950er-Jahren gegen die Engländer, in den auch zahlreiche Schüler verwickelt waren.

■ Iakóvou Iakovídi

⑥ **Archaiologikó Mousío**
| Museum |

Die Wiedereröffnung des Archäologischen Museums ist frühestens ab Herbst 2018 geplant, und man darf sich auf eine neue Anordnung in der erweiterten Sammlung freuen. Ausgestellt werden Funde vom Neolithikum bis in die frühe Neuzeit. Besonders die Entwicklung der Keramik ist ausgezeichnet vertreten. Außergewöhnlich sind römische Wärmflaschen für fast alle Körperteile.

■ Georgíou Gríva Digení 43, voraussichtlich Mo–Fr 8–16 Uhr, Eintritt 2,50 €

In der heißen Mittagszeit sind die Altstadtgassen wie leergefegt

Chaní tou Ibraím

| Ehemalige Karawanserei |

Wo früher griechische und türkische Zyprioten gemeinsam handelten, wurde das Ensemble aus Steinhäusern liebevoll wiederaufgebaut – doch bislang fehlen die Künstler und Handwerker, die sich die Mieten in den einzelnen Läden auch leisten können. Mit der Wiederherstellung der alten Karawanserei erhofft man sich eine Aufwertung des gesamten Viertels.

■ Laikí Geitoniá, Nähe Markthalle

 Verkehrsmittel

Von der Station Karavélla geht es in die Dörfer und mit den Intercity-Bussen nach Pólis und Limassol. ■ Kostenlose Fahrpläne und kompetente Auskunft in der Unterstadt im Büro am Hafen, Tel. 80 00 55 88 und unter www.pafosbuses.com

 Parken

In der Oberstadt, wo die meisten Paphioten arbeiten, befinden sich entsprechend viele Parkplätze. Halten Sie 20- und 50-Cent-Münzen für die Parkautomaten der Stadtverwaltung bereit und vermeiden Sie privat betriebene Parkplätze, die deutlich teurer sind.

 Restaurants

Rund um den Stadtgarten und im ehemaligen Marktviertel gibt es schöne Ecken.

€ | **Geitoniá** Hier serviert man knackige Salate und leckere Grillgerichte, ideal für den großen und kleinen Hunger mittags. ■ Dimitríou Papamiltiádous 9, Tel. 26 22 26 73 (Eingang neben dem Chaní tou Ibraím), Plan S. 21 b1

ADAC *Mobil*

Eine bequeme Alternative zu den Bussen sind **Sammeltaxis** mit acht Plätzen. Sie verkehren tagsüber stündlich zwischen den Städten, der Preis ist fest und unabhängig von der Anzahl der Mitreisenden. Der Vorteil gegenüber dem Bus: Man wird innerhalb des Stadtgebietes am Wunschort abgeholt und abgesetzt. Eine Fahrt von Páphos nach Limassol kostet z. B. 10 €/Person. Bestellung online (www.travelexpress.com.cy) oder unter den folgenden Telefonnummern: *Nikosia: 22 73 08 88, Limassol: 25 87 76 66, Larnaka: 24 66 10 10, Páphos: 26 92 38 00, Paralimni: 23 82 60 61.*

€€ | **Taverna Fettás** Mezédes, Grillgerichte und Salate. Beliebt bei den Einheimischen. Freitags und samstags häufig Rembétiko-Musik. ■ Ioánni Agróti 33, am Stadtpark, Tel. 26 93 78 22, Mo geschl., Plan S. 21 b/c1

 Cafés

Grafikó Café Hier gibt es den besten Kaffee von Páphos. ■ Agorás 3, Mobil 99 56 09 86, Plan S. 21 b1

 Einkaufen

Der einst viel gerühmte Markt in Ktíma besteht leider nur noch aus touristischen Schundläden mit Billigware aus China. Wer bis hinten durchgeht, entdeckt eine Ausnahme:

Kivotós Christiána Mouroúri verkauft Kreatives von zyprischen Künstlern aus Ton, Papier, Stoff und Metall –

Im Blickpunkt

Optische Umweltverschmutzung

Sie sind einfach nicht zu übersehen: riesige Werbetafeln, die Städte, Landschaft und Bananenfelder verschandeln. Besonders auffällig ist die Werbung für private Hochschulen mit überschaubarem Fächerangebot, die eine möglichst internationale und zahlkräftige Studentenschaft anlocken soll, sowie – gern auf Russisch und Chinesisch – für Villen und Wohnungen in Traumlage für relativ wenig Geld. Als 2013 die Bankenkrise Zypern fast in den Bankrott stürzte, ersann die Regierung einen wirksamen Plan: Wer als Nicht-EU-Bürger mindestens 2 Mio. Euro auf Zypern investiert – als Bankeinlage oder in Immobilien – und diese mindestens drei Jahre auf Zypern belässt, erhält zum Dank die zypriotische Staatsbürgerschaft und damit den EU-Pass. Zypern erlaubt die doppelte Staatsbürgerschaft, die Residenzpflicht entfällt. Ausländische Einkommen werden nicht besteuert. Stolze 4 Billionen Euro sind so seither in die Staatskasse geflossen, und allein 2017 hat die Republik Zypern 2000 Neubürgern die Staatsangehörigkeit verliehen, davon waren mehr als die Hälfte Russen. Brüssel ist um die Sicherheit der EU-Grenzen besorgt, und so sollen die allzu aggressive Werbung eingeschränkt und seriöse Agenturen als Vermittler von offizieller Seite empfohlen werden.

Schmuck und Dekoration. Hier findet man immer ein schönes Souvenir für sich selbst oder die Lieben zu Hause. ■ Agorás 67, in der Markthalle, www.kivotosgallery.blogspot.com, Plan S. 21 b1

 ### Kneipen, Bars und Clubs

Koutouroú Die schönste Bar von Páphos serviert auch leckeres Essen. Im Vintage-Stil mit alten und neuen Designerstücken eingerichtet. Intellektuellen-Treff, am Abend häufig gute Livemusik. ■ 25' Martíou 8, Tel. 26 95 29 53, Plan S. 21 c1

Páfos House In einem schönen alten Gebäude hat das Haus des Fußballvereins Páphos seinen Sitz – und öffnet seine Pforten für jedermann. Gute Cocktails, stylisches Interieur, tagsüber auch Café. ■ 25' Martiou 28, Mobil 99 41 54 05, Plan S. 21 c1

 ### Kinder

Aphrodite Waterpark Großer Badespaß für die ganze Familie. ■ Leofóros Poseidónos, Anfahrt mit Bus 611 ab Páphos Hafen, www.aphroditewaterpark.com, Tageskarte Erwachsene 30 €, Kinder (3–11 Jahre) 17 €, Familienkarte (bis zu drei Kinder) 95 €, Tickets online 15 % günstiger

Páfos Zoo Über den Bananenfeldern von Pégeia gelegener privater Tierpark, zu dessen Attraktionen nicht nur die üblichen Großsäuger wie Elefanten und Giraffen, sondern eine sensationelle Eulenshow gehört. Es hält sich hartnäckig das Gerücht, dass die Eule aus dem ersten Harry-Potter-Film von hier stammte. ■ Agíou Georgíou, Pégeia (nördlich von Coral Bay), Tel. 26 81 38 52, www.pafoszoo.com, tgl. 9–18, Winter 9–17 Uhr, Eintritt 16,50 €, erm. 8,50 €

🚗 **In der Umgebung**

Coral Beach
| Strand |

Die Strände von Páphos lassen sehr zu wünschen übrig – zu viele Felsen, zu wenig Strand! Es lohnt sich daher, zur nördlich gelegenen Coral Bay zu fahren. Gut, dass die Mykener auf diesem Plateau siedelten, so ist zumindest die eine Hälfte der schönen Bucht nicht zugebaut. Ein Tag am Strand lässt sich gut mit einem Besuch der Ausgrabung Máa mit ihrem UFO-artigen kleinen Museum verbinden.

■ Mit Bus 615 ab Páphos Hafen bis Coral Beach, tgl. bis Mitternacht, Öffnungszeiten Máa tgl. 8.30–16 Uhr, Eintritt 2,50 €

2 Geroskípou

Das Dorf ist berühmt für seine Fünfkuppelkirche, aber auch sonst sehenswert

Der Name des für seine zuckersüßen »Loukoumia« landesweit bekannten Dorfes bedeutet »Heiliger Garten« und deutet auf einen wahrscheinlich der Aphrodite geweihten Kultort hin. An dessen Stelle liegt heute die Kirche Agía Paraskeví, eine der baulich schönsten byzantinischen Kirchen Zy-

Eine von zwei zypriotischen Fünfkuppelkirchen: Agía Paraskeví

perns mit fünf Kuppeln und Wandmalereien vom 9. –15. Jh. Als eine von nur zwei Fünfkuppelkirchen auf Zypern kommt ihr eine besondere Stellung zu.

👁 **Sehenswert**

Volkskundemuseum
| Museum |

Das Volkskundemuseum im Haus des Hadjismith zeigt Teppiche, Trachten und Tongefäße. Der Name des Gebäudes aus dem 18. Jh. geht zurück auf den britischen Admiral Sir Sidney Smith, der den Hausbesitzer Andreas Simboulakis zum britischen Konsul ernannt hatte. Im Volksmund bürgerte sich so »Hadjismith« ein.

■ Platía Agías Paraskevís, Sommer 9.30–17, Winter 9.30–16 Uhr, Eintritt 2,50 €

Gefällt Ihnen das?

Die Fresken in der **Agía Paraskeví** stammen aus verschiedenen Epochen, die ältesten sogar noch aus der Zeit des Bilderstreits (8. Jh.). Im Laufe der Jahrhunderte wurden die Bilder immer wieder übermalt. Auch in der Kirche **Ágios Nikólaos tis Stégis** (S. 52) in Kakopetriá und in **Asínou** (S. 52) trifft man auf dieses Phänomen.

Ruinen steht eine Kirche, die die Einheimischen Panagía Aphrodítissa nennen. Das mittelalterliche Herrenhaus, von dem aus die Lusignan einst den Zuckerrohranbau überwachten, beherbergt das Museum.

■ Tgl. 8–16, Mi 8–17 Uhr, Eintritt 4,50 €

4 Pétra tou Romioú

 Mythischer Geburtsort der Aphrodite und Pilgerziel von Liebenden

Wo heute das Meer die Felsen umspült, soll Aphrodite nach der Erzählung des antiken böotischen Dichters Hesiod aus dem Sperma und Blut ihres Vaters Uranos, vermischt mit dem Wasser des Meeres (und nicht aus der Muschel, wie Botticelli meinte), als »Schaumgeborene« geboren sein. Dreimaliges Schwimmen um den (mittleren) Felsen verheißt ewige Schönheit und Jugend. Der Name des großen Brockens, »Stein des Griechen«, bezieht sich auf den sagenhaften byzantinischen Riesen Digénis Akrítas, der zur Zeit der Arabereinfälle lebte (S. 105). Er schleuderte, so erzählt man, den Felsen auf seine Feinde und hielt sie so von der Küste fern.

An diesem idyllischen Fleckchen wurde die Göttin Aphrodite geboren

3 Koúklia

Spurensuche rund um das wichtigste Aphrodite-Heiligtum der Antike

Das antike Stadtkönigtum Alt-Páphos war als Pilgerort berühmt. Er wird in vielen Quellen beschrieben, so auch bei Herodot. Verehrt wurde kein Standbild der Aphrodite, sondern ein schwarzer Monolith, der von den Zypriotinnen noch im 20. Jh. als fruchtbarkeitsfördernd gepriesen wurde. Der auf einem Hügel in gebührender Entfernung zum Meer gelegene Tempel der Liebesgöttin ist ein schönes Beispiel für die Kontinuität und Anpassung von kulturellen Riten – auf seinen

ADAC *Spartipp*

Erstaunlich, aber wahr: Am Aphrodite-Felsen gibt es keine Strandtaverne, und das Restaurant am Parkplatz fertigt vorwiegend Gruppen ab. Denken Sie daher an ein **zypriotisches Picknick:** Haloumi-Käse, frische Tomaten, knackige Gurken, Oliven, Obst und dazu Wasser und z. B. eine Flasche Wein vom Weingut Gerolemo. Lassen Sie sich's schmecken!

5 Ágios Neófytos

*Höhlenkirche und orthodoxes Männer-
kloster in idyllischer Lage*

Ende des 12. Jh. grub der Eremit Neófytos an dieser abgelegenen Stelle eine
Höhle in den Stein und ließ sich diese
mit Wandmalereien im höfischen Stil
von Konstantinopel ausmalen. Bald
scharten sich andere Mönche um
Neófytos, und das Felsenkloster wuchs,
sodass sich der Klausner genötigt sah,
eine weitere Etage in den Fels zu schlagen, um dem Rummel zu entgehen.
Seine hochverehrten Gebeine liegen
in der Klosterkirche aus dem 15. Jh. Das
Kloster ist noch immer bewohnt.
■ Tgl. bis 18, Winter bis 16 Uhr, Eintritt in
die Felsenkirche 2 €, Kloster frei

 Einkaufen

Shop am Neófytos-Kloster Von außen sieht er aus wie die üblichen Sou-
venirläden: Schals aus Indien, Postkar-
ten usw. Doch im Inneren überwältigt
eine beeindruckende Sammlung von
Ikonen, viele von ihnen handgemalt.
Wer seinen »Lieblingsheiligen« nicht
findet, kann sogar eine Bestellung auf-
geben! Gleich daneben gibt es Sesam-
und Mandelkonfekt sowie Johannis-
brotbaumerzeugnisse vom Feinsten.

6 Ágios Geórgios Pégeias

*Der malerische Ort eignet sich auch als
Ziel für eine Fahrradtour ab Páphos*

In frühchristlicher Zeit war das Kap
Drépanon ein wichtiger internationa-
ler Handelshafen auf halber Station
zwischen Rhodos und Alexandria, der

Im Blickpunkt

Flaggenvielfalt

Häufig sieht man vor Kirchen und
Klöstern drei Flaggen: die griechische Nationalflagge zum Zeichen
der Verbundenheit mit dem »Mutterland«, den byzantinischen Dop-
peladler und die Flagge der Republik Zypern. Sie zeigt als eine der
wenigen weltweit den gesamten
Landesumriss. Die kupferne Farbe
ist ein Hinweis auf jenen Rohstoff,
dem Kypros-Cuprum-Zypern seinen Namen und seinen Reichtum
in der Antike verdankt. Die zwei
Olivenzweige stehen für die zwei
Bevölkerungsgruppen – griechische und türkische Zyprer. In
Nordzypern wehen die türkische
Flagge (weißer Halbmond und
Stern auf rotem Grund) und die
Flagge Republik Nordzypern
(umgekehrte Farbfolge). Da 3 %
der Landesfläche britisch sind,
weht an den britischen Basen der
Union Jack!

dem Ort großen Wohlstand bescherte. Heute verirren sich nur wenige Touristen in den hübschen Ort mit seinem kleinen Fischerhafen.

Sehenswert

Archaiologikós Chóros
| Ausgrabung |
Die Fundamente einer großen dreischiffigen Basilika mit Nebenbauten und zwei weitere frühchristliche Kirchen mit Taufbecken beeindrucken noch heute. Archäologen der Aristoteles-Universität Thessaloniki haben Mosaike, Kapitelle, Thermen und Mauern des großen Areals ausgegraben, zu dem auch eine (leider nicht zu begehende) römische Nekropole zählt.
■ Kap Drépanon (ausgeschildert), Eintritt 2,50 €, erm. 1,25 €, tgl. 9–16 Uhr

Felsengräber
| Ausgrabung |
Auf freiem Feld steht ein Rundtumulus. In ihn führen, wie in den Königsgräbern von Páphos, »dromoi« (Stufenwege) in einzelne Grabkammern hinab, die von der hellenistischen bis in die byzantinische Epoche genutzt wurden. Auf dem freien, ungesicherten Gelände fühlt man sich noch als echter Entdecker.
■ Ein verblasstes Schild rechter Hand hinter dem Sunset-Restaurant auf dem Weg nach Akámas weist den Weg. Vorsicht mit Kleinkindern.

Cafés

Óneiro Ein wirklich traumhafter Ort am Meer. Man trinkt seinen Kaffee mit Blick auf ein Schiffswrack, das 2011 vor der Küste Zyperns strandete. ■ Glykoú Neroú, Pégeia

Wandern

 Ávakas-Schlucht Eine fünfstündige, anspruchsvolle, aber unbedingt lohnende Wanderung beginnt nördlich von Ágios Geórgios am Toxéftra-Strand und führt durch den spektakulären, engen Canyon und anschließend durch das Waldgebiet von Pégeia über den Lára-Strand zum Ausgangspunkt. Der Weg ist ausgeschildert. An und nach Regentagen ist die Wanderung nicht zu empfehlen, da es in der Schlucht sehr glitschig wird. Wanderer sollten ausreichend Kondition mitbringen, Kletterpartien in der Schlucht sind nicht zu vermeiden.

In der Umgebung

Schildkrötenstrand Lára
| Naturerlebnis |

 Mit Sicherheit der beste Sandstrand in Páphos' Umgebung

Meeresschildkröten wie die »Caretta Caretta«, die sog. unechte Karettschildkröte, sind heimatverbunden und legen ihre Eier an ihrem Geburtsort nieder. Meist geschieht das in der Nacht: Die über 100 kg schweren Panzertiere verbuddeln die Eier im feinen Sand, das Brüten übernimmt die Sonne. Die unechte Karettschildkröte legt im Juni und Juli ihre Eier am Lára-Strand ab. Umweltschützer sperren dann Teile des Strandes für Badende, kleine Gitter markieren die Brutstellen. Wenn man großes Glück hat, kann man an einem der bezauberndsten Naturspektakel teilhaben und zuschauen, wie die Jungen schlüpfen und sich instinktiv und rasend schnell Richtung Meer bewegen. Die Absperrungen zum Schutz der Schildkröten sollte man auch dann unbedingt respektieren und die Tiere nur aus gebührender Entfernung beobachten. Lára ist ein Naturstrand. Es gibt keine Infrastruktur wie Duschen, Liegestühle oder Tavernen. Die Anfahrt über die ca. 5 km ungeteerte, holprige Piste empfiehlt sich nur mit einem Geländewagen.

Zypern ist ein Paradies für Wanderer, vor allem im Frühjahr und Herbst

Halbinsel Akámas

 Das Naturschutzgebiet bietet herrliche Landschaftserlebnisse

Nach dem Trojanischen Krieg soll Akámas, Sohn des Königs Theseus und der Phädra, hier haltgemacht haben. Heute ist die nordwestliche Spitze Zyperns ein Wanderparadies.

Sehenswert

Pólis Chrysochoús
| Badeort |
Die »Stadt der Goldgräber« wurde an der Stelle des antiken Stadtkönigtums Marion errichtet. Es war mit seinem Hafen ein Handelszentrum in der hellenischen Welt. Der deutsche Archäologe Ohnefalsch-Richter hat einen Großteil der antiken Stadt ausgegraben, seine Funde befinden sich überwiegend im Zypern-Saal des Neuen Museums in Berlin. Heute ist Pólis ein kleiner, angenehmer Badeort.

Loutrá tis Aphrodítis
| Quelle |
Am beliebten Restaurant Loutrá tis Aphrodítis endet die Straße. Etwas weiter oben hinter einer Pforte beginnt ein Naturlehrpfad. Dieser führt zur bereits von Ariost im Epos »Der rasende Roland« besungenen Quelle, die sich aus einer mit Venusfarn bewachsenen Felsgrotte ergießt. Zahlreiche Legenden ranken sich um den Badepool der Liebesgöttin Aphrodite, die an dieser Stelle vom griechischen Helden Akámas überrascht wurde. Von der Quelle starten gut ausgeschilderte Wanderungen des Aphrodite-und-Adonis-Trails, auf denen sich dem Wanderer tolle Ausblicke auf das blaue Meer bieten.

Restaurants

 €€ | **Pavláras Taverne** Familiengeführte Taverne mit zünftiger, frisch zubereiteter Hausmannskost und zuvorkommendem Service, große Portionen. Von dem ruhigen Lokal genießt man einen weiten Blick über das Meer. ■ Néo Chorió, Tel. 26 32 17 14

€€ | **Y & P Fish Tavern** Blau wie das Meer ist das Hotel angestrichen, zu dem diese bewährte Fischtaverne gehört. Auf der Karte fangfrischer Zackenbarsch, Dorade und Meeräsche. ■ Leofóros Akámantos, Latsí, Tel. 26 32 14 11, www.latchihotel.com

Erlebnisse

 Bootsfahrt ab Latsí Nur vom Hafen des einstigen Fischerortes starten Ausflugsboote Richtung Akámas-Kap, z.B. das Glasbodenboot von Kapitän Spíros Plakídes. Wer den herrlichen Wanderweg zu den Bädern zurücklaufen möchte, steigt auf ein kleineres Boot um und lässt sich an Land absetzen. Sprechen Sie Spíros einfach darauf an! ■ Hafen, Mobil 99 64 79 13

Wandern

Ende März ist die Flora mit zahlreichen Ragwurzarten, Zistrosen, Phönizischem Wacholder, Hahnenfuß und der zyprischen Tulpe besonders beeindruckend. Ein leichter Rundweg von 6 km Länge ist der **Naturlehrpfad Smigiés** ab dem gleichnamigen Wanderparkplatz. Etwa nach der Hälfte des Weges trifft man an einer Quelle auf den Adonis-Rundwanderweg. So kann man die Wanderung verlängern (ca. 2:20 h). ■ B 7 nach Pólis, weiter durch Néo Chorió Richtung Aphrodite-Bäder

![Ausgedehnte Laub- und Nadelwälder bieten in der Sommersonne kühlen Schatten]

Ausgedehnte Laub- und Nadelwälder bieten in der Sommersonne kühlen Schatten

8 Monastíri Chryso-rogiátissa

Die Anfahrt durch Wein- und Bergdörfer ist so malerisch wie die Lage des Klosters

■ Páno Panagiá, Sommer 9.30–12.30, 13.30–18.30, Winter 10–12.30, 13.30–16 Uhr

Im Jahr 1152 folgte der Eremit Ignatius einem Lichtstrahl, entdeckte so eine Lukas-Ikone und gründete daraufhin am Berg Rógia ein Kloster. Brände und Erdbeben zerstörten die Gebäude, die 1967 grundlegend renoviert wurden. Noch heute werden im Kloster »Unserer Heiligen Jungfrau vom Goldenen Granatapfel« Ikonen restauriert und ausgezeichnete Weine gekeltert, die verkostet und käuflich erworben werden können.

9 Stavrós tis Psókas

Die Forststation ist Startpunkt für drei ausgezeichnet markierte Wanderwege

■ Fast an der Distriktgrenze zu Nikosia, ca. 33 km östlich von Pólis

Die auf 850 m Höhe gelegene Forststation liegt idyllisch inmitten von Pinien und Zypressen und ist bei Zyprioten ein überaus beliebter Picknickplatz. Hier gibt es auch die seltene Gelegenheit, das berühmte zyprische Mufflon in einem Gehege zu fotografieren – in keinem Zoo der Welt ist es zu sehen. Die Wildschafe waren vor über 70 Jahren schon fast ausgestorben, heute bevölkern wieder einige hundert Exemplare das Tróodos-Gebirge, doch man bekommt die scheuen Tiere fast nicht zu Gesicht.

Übernachten

Zypern ist ein Ganzjahresziel: Viele Strandhotels sind auch im Winter geöffnet und bieten dann erheblichen Preisnachlass – auch die 5-Sterne-Häuser. Wer ohne Auto unterwegs ist, findet in Káto Páphos und Ktíma (Páphos' Oberstadt) viele Unterkunftsmöglichkeiten und eine ausgezeichnete Infrastruktur. Abseits vom Massentourismus bieten Hotelanlagen rund um Pólis Chrysochoús herrliche Naturerlebnisse für Radler, Wanderer, Schwimmer und Strandfaule. Das üppige zypriotische Frühstück ist im Allgemeinen inbegriffen und bildet eine gute Grundlage für die Aktivitäten des Tages.

In und um Páphos 18

€ | **Axiothéa** »Lohnenswerte Sicht« heißt dieses Hotel am Altstadtrand, und das ist nicht übertrieben: Von der kleinen Panorama-Bar und den Zimmern mit Balkon schweift der Blick über Stadt und Meer. ■ Ktíma, Ívis Malióti 2, Tel. 26 93 28 66, www.axiothea hotel.com

€ | **Hotel Kiníras** In einer weißen venezianischen Villa aus dem 15. Jh., familiengeführt, mit kleinen, bunten, gepflegten Zimmern und einem schattigen Innenhof. In der Altstadt. ■ Ktíma , Leofóros Makários 91, Tel. 26 94 16 04, www.kinirashotel.com

€€ | **Capital Coast Resort & Spa** Hier wohnen die Gäste in stylischen, weiß-beigefarbenen Studios mit Mini-Küche und genießen den Meerblick vom Pool aus. Ideal für Selbstversorger und aktive Familien. ■ Páphos, Táphon ton Vassiléon 69, Tel. 26 20 10 00, www.capitalcoastresort.com

€€ | **Vrachiá Beach Hotel & Suites** Zehn Autominuten von Páphos-Stadt ist dieses komplett renovierte Strandhotel mit Pool und Palmengarten eine gute Alternative für all diejenigen, die nicht auf die Nähe der Stadt verzichten und doch einen erholsamen Strandurlaub verbringen möchten. ■ Kissónerga, Milouthkión 10, Tel. 26 94 09 50, www.vrachiaresort.com

€€€ | **Annabelle** Frisch gestylt, mit einer gehörigen Portion Glamour und mediterranem Charme, kehrt das Annabelle nach einer aufwändigen Umgestaltung 2018 als Ikone der kultivierten zyprischen Hotellerie zurück. Spektakulärer Panoramapool, ultramodernes Spa, Maisonette-Suiten und Familienzimmer im Kolonial-Chic mit zeitgenössischen Akzenten. Ein hervorragendes Hotel für gehobene Ansprüche. ■ Páphos, Leofóros Poseidónos, Tel. 26 88 50 00, www.annabelle.com.cy

€€€ | **Coral Beach Hotel** Familienfreundliches 5-Sterne-Haus aus den 90er-Jahren mit rustikaler, lokaltypischer Einrichtung ganz ohne den üblichen Antikenkitsch und weit abseits der Betonburgen von Káto Páphos. Sehr ruhig mit eigenem Sandstrand und gepflegter Gartenanlage. Ausgezeichnete Betten, üppiges Frühstück, großzügige Zimmer. Gute Busanbindung in die Stadt im 15-Minuten-Takt bis Mitternacht. ■ Coral Bay, Coral Bay Ave., Tel. 26 88 10 00, www.coral.com.cy

Ágios Geórgios Pégeias

€€€ | Cap St. Georges Beach Club Resort Auf halbem Weg zwischen Páphos und Akámas liegt dieses stylisch-moderne Hotel direkt am Meer. Unbedingt Zimmer mit Meerblick verlangen! Bezahlbarer Luxus in großzügigen Villen und Suiten. ◼ Pégeia, Maníki 6, Tel. 26 62 32 23, www. capstgeorges.com

Halbinsel Akámas und Umgebung

€ | Palátes Hotel Familiäres, gemütliches Steinhaus mit spektakulärem Blick über Land und Meer. Mit Pool. Ein Ort zum Wohlfühlen und ausgezeichnetes Preis-Leistungs-Verhältnis. ◼ Droúseia, Akámantos 18, Tel. 26 33 20 83, www.droushiahotelpalates.com
€–€€ | Droushia Heights Am Rand des Dorfes von Droúseia mit herrlichem Ausblick auf Meer und die Hügel des Akámas gelegen, punktet dieses moderne Hotel mit geräumigen Zimmern und einem großen Pool. ◼ Drouseía Dorf, Tel. 26 33 22 00, www. droushiaheightshotel.com
€€ | Natura Hotel Vielfach ausgezeichnetes, familiengeführtes Öko-Hotel mit riesiger Wiese, Pool und großzügigen Familienzimmern. 20 Gehminuten von Pólis-Stadt direkt am sauberen Sandstrand, an dem regelmäßig Meeresschildkröten nisten. ◼ Pólis, Chr. Papanikoláou, Tel. 26 32 31 11, www.natura.com.cy
€€ | Zening Resort Schöne Anlage mit Ökosiegel im Stil eines zypriotischen Dorfes, in der Nähe des Strandes von Latsí gelegen. Die Zimmer sind individuell gestaltet. Innen- und Außenpool. Herrlicher Ausblick, nicht nur zum Sonnenuntergang. ◼ Latsí, Tel. 26 33 27 77, https://zeningcyprus.com
€€€ | Anássa-Hotel Ein Strandhotel der Luxusklasse! Suiten, Privatstrand, stilvolle Familienzimmer, Pools und eine gepflegte, großzügige Anlage in weiß-beige über der Bucht. ◼ Néo Chorió, Alekoú Michailídi 40, Tel. 26 88 80 00, www. anassa.com

ADAC *Das besondere Hotel*

Für seine drei originalen mongolischen Jurten, die **Yurts in Cyprus,** hat sich der Pole Pawel einen besonders schönen Standort ausgesucht. Die Energie wird selbst erzeugt, die Jurten stehen im Einklang mit der Landschaft. Wer an einen Zeltplatz denkt, liegt falsch: King-Size-Bett, WLAN, ein privates Bad und eine originelle Ausstattung bieten Komfort mitten in der Natur. Einfach ein Traum. *€€ | Yurts in Cyprus, 3 km vom Dorf Símou, Mobil 97 62 91 48, www.yurtsin cyprus.com*

Limassol und das Tróodos-Gebirge

Die quirlige Hafenstadt ist aufgrund ihrer zentralen Lage der beste Ausgangsort, um den Süden und die Mitte der Insel zu erkunden

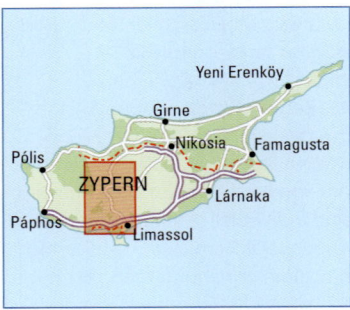

Keine andere Stadt Zyperns hat sich in den letzten Jahren so rasant verändert wie Limassol. Die neue Marina ist ein echter Hingucker geworden, und die Palmenpromenade lädt zum Schlendern ein. Ägypter, Römer, Franken, Osmanen und Briten hinterließen ihre Spuren, heute prägen auch Russen und Libanesen das multikulturelle Bild der Hafenstadt. Sie ist ein idealer Ausgangspunkt für Touren zu wichtigen Sehenswürdigkeiten und landschaftlichen Höhepunkten des griechisch-zyprischen Inselteils. In Limassols Hinterland lockt das Weinanbaugebiet zur Degustation. Das Tróodos-Gebirge mit seinen ausgedehnten Kiefernwäldern ist als grünes Herz von Zypern eine Wohltat für Körper und Seele. Rund um den Olymp breiten sich Klöster, Kirchen und pittoreske Dörfer aus. Zahlreiche gut markierte Wanderwege weisen den Beobachter in die Welt der zypriotischen Flora ein.

In diesem Kapitel:

ADAC Top Tipps:

3 Curium
| Ausgrabung |
Malerisch gelegene Ausgrabungsstätte aus der Römerzeit mit fantastischen Bodenmosaiken und einem Theater mit traumhaftem Blick. 43

4 Kakopetriá
| Dorf |
Ein idyllisch gelegener Ort und eine beliebte Sommerfrische mit sehenswerten byzantinischen Scheunendachkirchen in der Umgebung. 52

ADAC Empfehlungen:

10 Limassol

Eine aufstrebende, kosmopolitische Hafenstadt

Auf der Seepromenade, dem Mólos, treffen sich Einwohner und Touristen

ℹ Information

■ CTO: Alter Hafen, Sýntagma-Platz, Tel. 25 36 27 56, www.visitcyprus.com
■ Parken siehe S. 40

Die heute zweitgrößte Stadt Zyperns, auf Griechisch Lemesós genannt, liegt zwischen zwei antiken Stadtkönigtümern – Amáthus im Osten und Koúrion im Westen. Geprägt von der Wein- und Saftindustrie, dem Handel, zahlreichen Schifffahrtsunternehmen und Banken, hat die Stadt seit der Teilung Zyperns 1974 einen enormen Aufschwung erlebt. Zahlreiche innerzyprische Flüchtlinge und vor dem Bürgerkrieg in ihrer Heimat fliehende Libanesen strömten damals hierher. Die Schäbigkeit manches Stadtteils ist diesem allzu schnellen Wachstum geschuldet. Wie das alte Limassol aussah, erspürt man am ehesten noch in der zweiten Reihe, hinter den Wolkenkratzern in der Straße Agíou Andréou stadtauswärts. Nach und nach werden

ADAC *Spartipp*

Montags um 10 Uhr bietet die CTO **gratis Führungen** durch das historische Zentrum an. Reservierung unter Tel. 25 36 27 56 oder vor Ort. Treffpunkt vor dem CTO-Büro.

Plan
S. 39

Wirtschaftsverbandes, der auf Road-Show-Messen im großen Russland das kleine Zypern erfolgreich bewirbt.

 Sehenswert

 Marina
| Jachthafen |

Nirgendwo ist der Wandel Limassols von einer behäbigen britischen Provinzmetropole zum Luxusresort reicher Russen deutlicher als hier. Lange ließ die Stadtverwaltung das ehemalige Türkenviertel verkommen, nun, da eine Rückkehr der früheren Bewohner immer unwahrscheinlicher wird, verpachtet sie das Gelände. Die neue private Marina ist mit viel russischem Geld finanziert. Noch wirken die putzigen, pastellfarbenen Häuschen zu geleckt, es fehlen noch Mieter und Patina, und statt kleiner Fischerkutter ankern immer mehr Superjachten am ehemaligen alten Hafen. Dennoch hat sich dieses Klein-Burano mit Läden, Cafés und Restaurants schnell zum neuen Szenetreff entwickelt. Nach Osten hin beginnt der Mólos, die neu angelegte, gepflegte Seepromenade mit Fitnessgeräten, Kunst und Cafés – perfekt zum Joggen, Radfahren, Spazieren, Sehen und Gesehenwerden!

dort herrliche Altbauten liebevoll restauriert und in noble Restaurants und Bars umgewandelt. In jüngster Zeit haben viele wohlhabende Russen »Limassolgrad« entdeckt: In der 2014 eröffneten privaten Marina liegen ihre Jachten, und immer mehr exklusive Millionenobjekte entstehen an der Meerespromenade. Kein Wunder, dass 2021 ausgerechnet hier Europas größtes Casino eröffnet werden soll. 50 000 Russen sind in Limassol gemeldet, sie haben ihre eigenen Radiosender, Schulen und Kirchen. Überall wird in kyrillischen Buchstaben um Kundschaft geworben, und das mit tatkräftiger Hilfe des zyprisch-russischen

 Kástro
| Kastell |

Die einstige byzantinische Burg war 1191 Schauplatz der königlichen Hochzeit von Richard Löwenherz und seiner Braut Berengaria. Aufgetischt wurden lokale Leckerbissen wie die Kolokasie (Taroknolle), die noch heute auf dem

Im Blickpunkt

Betongold

Nach der türkischen Invasion 1974 musste sich der Südteil Zyperns neu erfinden und entlehnte aus Griechenland das sog. Antí-Parochí-System, einen bargeldlosen Deal zwischen Grundstücksbesitzern und Baufirmen. Letztere errichten große Apartmenthäuser, in denen der ursprüngliche Grundstücksbesitzer im Gegenzug ein oder zwei Wohnungen erhält. Das System hat zu einem brutalen Bauboom geführt. Nur vereinzelt entdeckt man noch alten Baubestand: Villen aus der Kolonialzeit, einzelne Art-déco- und Bauhaus-Gebäude mit Vorgärten. Häufig liegen diese Perlen im Schatten der Betonklötze und stehen leer, weil ihre Besitzer im Ausland leben oder sich die Erben um den Besitz streiten. Jahrtausendealte Städte wurden im 20. Jh. ihres Charakters beraubt, erst in jüngster Zeit setzt ein Umdenken ein.

Speiseplan der Zyprioten steht. Das Kastell ist im Laufe der Zeit immer wieder verändert worden, unter den Osmanen und Briten diente es als Gefängnis. Waffen, Rüstungen und ein kopfloses Skelett können auch Kinder begeistern. Das Schönste aber ist der Blick von oben.

■ Zentraler Platz in der Altstadt, Mo–Fr 8–17, Sa 9–17, So 10–13 Uhr, Eintritt 4,50 €

③ Old Carob Mill

| Ehemalige Johannisbrotfabrik |
Bis in die 70er-Jahre prägte der Johannisbrotbaum Zyperns Landschaft, und Johannisbrot zählte zu den Hauptexportartikeln des Landes. Es wird als Kakaoersatz, Viehfutter und für medizinische Produkte verwendet. Die technische Ausstattung der Mühle von 1900 ist erhalten, die Räumlichkeiten werden heute für Veranstaltungen aller Art genutzt.

■ Vasilíssis Berengarías, hinter der Burg, Öffnungszeiten variabel

④ Dimotikó Mousío Laikís Téchnis

| Museum |
Das neoklassizistische Gebäude beherbergt das volkskundliche Museum mit einer sehenswerten Sammlung von Trachten, Möbeln, Schnitz- und Stickarbeiten.

■ Agíou Andréa 253, Mo–Fr 8–14.30 Uhr

⑤ Archaiologikó Mousío Eparchías Lemesoú

| Museum |
Das Bezirksmuseum überrascht mit einer umfangreichen archäologischen Sammlung. Knochen und Gebisse von Nilpferden und Elefanten beweisen Zyperns frühe Artenvielfalt. Aus dem neolithischen Fundort Choirokitía sind

Werkzeuge, Steine und Amulette erhalten, aus der Bronzezeit eine Badewanne. Besonders gut dokumentiert ist die Ausstellung mit Funden des nah an Limassol gelegenen antiken Stadtkönigtums Amathus, wo seit 40 Jahren die École Française d'Athènes gräbt. Im Jahr 2000 wurde dort ein wunderschöner weiblicher Kopf, möglicherweise der Aphrodite, gefunden. Ein

Kapitell mit einer Hathor-Stele weist deutlich ägyptischen Einfluss auf.
■ Lórdou Víronos 5, Mo–Fr 8–16 Uhr, Eintritt 2,50 €, erm. 1,25 €

6 Dimotikí Pinakothíki
| Museum |

In einem herrlichen Bauhaus-Gebäude macht die städtische Gemäldegalerie regelmäßig mit Sonderausstellun-

In der Markthalle werden alle Schätze aus Zyperns Gärten angeboten

gen auf sich aufmerksam. Die ständige Ausstellung zeigt bedeutende alte und zeitgenössische zyprische Künstler wie Adamántios Diamandís und Tilémachos Kánthos.

■ 28'Oktovríou 103, Eintritt 2 €

P Parken

Große Parkplätze gibt es an der Palmenpromenade, in der Nähe der neuen Marina oder auch gegenüber vom

ADAC *Mobil*

Eine spontane **Fahrradtour** ist jederzeit möglich: Stationen des deutschen Fahrradverleihers Nextbike befinden sich an der Promenade, die Registrierung erfolgt an den Stationen oder online. Man zahlt 2 € für die erste Stunde, für jede weitere 1 €, Tagesmiete 8 €. *www.nextbike.com.cy*

Mistral-Hotel, 3 Stunden 2 €. Die Parkautomaten akzeptieren Münzen oder Kreditkarten.

Restaurants

€ | Yialoúsa Tavern Wer ein authentisches Mezé erleben möchte, sollte sich ins Taxi setzen (ca. 15 Min.) und in dieser Taverne einkehren. Auch Spezialitäten vom Holzkohlengrill. ■ Archangélou Michaél 25, Mouttagiáka, Tel. 25 32 30 00, Di–Sa 19–1 Uhr

€€ | Cicchetteria Klassische italienische Küche in einem restaurierten Steinhaus abseits vom touristischen Rummel. ■ Agíou Andréou 292, Tel. 25 10 05 00, www.cicchetteriaitaliana.com, tgl. abends außer Mo, Plan S. 39 b3

 €€ | Karatéllo Gehobene zypriotische Küche in der alten Johannisbrotmühle. Empfehlenswert v.a. der »Karatello-Salat« mit Haloumi, Tomate, Granatapfel und Karobensirup und

»fáva me oktapódi«, Platterbsen-Püree mit Oktopus. ■ Kástro Lemesoú, Vasilíssis Berengarías, Tel. 25 30 54 19, www.carob mill-restaurants.com, Plan S. 39, a5

€€ | **Kypriakón** Zypriotische Delikatessen wie »stifádo« (geschmortes Rind oder Kaninchen) in schönem Ambiente und mit Blick auf den Hafen. ■ Alter Hafen, Tel. 25 10 15 55, Plan S. 39 a5

€€ | **The Fish Market** Fisch, aber nicht nur! Modernes, helles Ambiente, kinderfreundliches Restaurant. ■ Alter Hafen, Tel. 25 02 23 77, Plan S. 39 a5

€€ | **To Chaní** Urgemütlich in einer restaurierten osmanischen Karawanserei. Am späten Abend trifft man sich hier auf einen Drink im schönen Innenhof. ■ Kástro Lemesoú, Vasilíssis Berengarías 4b, Tel. 25 76 27 6, Plan S. 39 a5

Cafés

Diéxodos Eine kleine, nostalgische Oase mit schönem Innenhof, drinnen Retro-Atmosphäre. Das urgemütliche Café gehört zur orthodoxen Kathedrale von Limassol. Alle Einnahmen für karitative Zwecke. ■ Kósta Charáki 7/Irínis, tgl. 9–24 Uhr, Plan S. 39 a4

Spártis Traditionelles kleines Kafeníon mit geflochtenen Holzstühlen. ■ Spártis/Irínis, Plan S. 39 a4

Einkaufen

Ta ploumistá tis Marías Der Concept Store ist ein Familienbetrieb: Maria näht pfiffige Kleider, ihr Vater sitzt an der Töpferscheibe. Außerdem Taschen, Schmuck und Accessoires. ■ Ankíris 22, Zentrum, Plan S. 39 a4

Markthalle Seit der Abwanderung vieler Familien in die Vorstädte ist die städtische Markthalle aus dem Jahr 1917 leerer geworden, doch ist sie im-

mer noch die authentischste auf der Insel. Drumherum liegen viele gemütliche Cafés. ■ Platía Saripólou, Mo–Sa 8–14.30 Uhr, Plan S. 39 a4

Kneipen, Bars und Clubs

Breeze Nightclub und Beachbar der Jeunesse dorée Limassols. Häufig treten griechische Sänger und internationale DJs auf. Vor Mitternacht ist hier nichts los. ■ Kolonakíou 10, Tel. 70 00 58 63, www.breeze.com.cy

To Kombolói 2017 eröffnete, lässige Ouzerie neben der Markthalle. ■ Saripólou 75, Plan S. 39 a4

Kinder

Lady's Mile Beach Der schönste Strand von Limassol liegt am Rand des Akrotíri-Salzsees. Er ist nicht nur bei Kitesurfern beliebt, sondern auch bei Familien, die an den Wochenenden zum Baden dorthin strömen – und zum Essen ins gleichnamige Restaurant. ■ Zufahrt nur über Akrotíri, Lady's Mile Restaurant, Mobil 99 53 55 42, www.ladysmilebeach.com

Im Blickpunkt

Boom nach dem Rettungs-paket

Vor fünf Jahren rutschte Zypern ins Epizentrum der europäischen Finanzkrise. Ursache war ein stark überdimensionierter Bankensektor, eng verflochten mit Griechenland und verstrickt in teils abenteuerliche Geschäftsmodelle. Banken lockten mit attraktiven Zinsen auf Einlagen, investierten dafür in hochriskante Wertschriften. Die zweitgrößte Bank des Landes, die Laikí-Bank, brach zusammen, und die Bank of Cyprus überlebte nur knapp mit Staatshilfe. Eiligst wurde ein 10 Mrd. € schweres Rettungspaket geschnürt, und auch private Einlagen ab 100 000 € wurden zur Sanierung herangezogen. Nikosia musste Kapitalverkehrskontrollen ertragen ... Und nach kurzer Zeit war der ganze Spuk vorbei: Der Tourismus boomt, der Binnenkonsum wächst, schon nach drei Jahren schloss die Troika das Rettungsprogramm ab. Ein zypriotisches Wunder? Der Bestand an notleidenden Krediten im Bankensektor ist nach wie vor hoch. Junge Akademiker finden keine adäquate Arbeit, und in Limassol droht eine Immobilienblase. Mit einem in der EU höchst umstrittenen, aber erfolgreichen Programm »Investion gegen Staatsbürgerschaft« (S. 24) flossen seither Milliarden in die Staatssäckel. Ohne die Hilfe zahlungskräftiger Russen wäre Limassol vermutlich längst kollabiert.

In der Umgebung

Amathus
| Ausgrabung |
Rund um den Hügel des antiken Stadtkönigtums haben Archäologen nicht nur die Akropolis und ein Aphrodite-Heiligtum, sondern auch Reste einer byzantinischen Siedlung ausgegraben. Ein riesiges Kalksteingefäß aus Amathus befindet sich heute in der Zypern-Sammlung des Louvre.

■ 10 km östl. vom Stadtzentrum hinter dem Amathus Beach Hotel, 8.30–19.30, Winter bis 17 Uhr, Eintritt 2,50 €

11 Kolóssi

Ritterburg mit großer Vergangenheit mitten in fruchtbarer Landschaft

■ 15 km westl. von Limassol, 8.30–19.30, Winter bis 17 Uhr, Eintritt 2,50 €

Das Johanniterkastell ist ein interessantes Beispiel fränkischer Militärarchitektur des 15. Jh., welches auf 200 Jahre alten Vorgängerbauten errichtet wurde. Nach dem Fall Akkons im Heiligen Land (1291) ließen sich die Johanniter auf Zypern nieder und betrieben weitläufig Landwirtschaft und Zuckerrohranbau. Über 60 Dörfer gehörten zu ihrem Besitz. Auch nach der Übersiedlung des Ordens nach Rhodos blieb eine Ordenstruppe, »Kommende« genannt, zurück. Von ihr hat der Süßwein Commandaria seinen Namen.

Von der einst umfangreichen Anlage ist nur noch der 16 × 16 m große Bergfried mit den Wappen der ehemaligen Großmeister übrig geblieben. Über eine Zugbrücke erreicht man die drei

ADAC *Wussten Sie schon?*

> Die Ritter des Johanniterordens waren die Ersten, die den Süßwein **Commandaria** produzierten und exportierten. Als »vin de commanderie« handelt es sich um den ältesten benannten Wein der Welt, der seit acht Jahrhunderten denselben Namen trägt. Er wird aus den einheimischen Reben Xynistéri und Mávro hergestellt. Mittlerweile gibt es sogar eine Region desselben Namens an den Südabhängen des Tróodos, die sich auf die Herstellung spezialisiert hat. Winzer Lamboúris stellt einen 15 Jahre im französischen Eichenfass gereiften Edeltropfen her, der in einer mit Swarovski-Steinen verzierten Verpackung pro Flasche stolze 3000 € kostet und exklusiv an die Lufthansa zum Ausschank an treue First-Class-Gäste vertrieben wird. Für den israelischen Markt produziert der Winzer unter strenger Kontrolle des Rabbinats koschere Weine.
> *Lambouri Winery, Káto Plátres, Tel. 25 42 25 25, www.lambouri.com*

Geschosse und über eine Wendeltreppe die Wehrplatte mit weitreichender Aussicht über die Felder.

Curium

Schöner Wohnen in der Antike – die römische Stätte begeistert

Das einstige Stadtkönigtum zählt zu den landschaftlich reizvollsten archäologischen Stätten Zyperns. Während die Erdbeben von 332 und 342 Sálamis und Páphos zerstörten, wurde Curium erst mit den arabischen Einfällen im 7. Jh. aufgegeben. In dieser Zeit wurde auch der Bischofssitz ins benachbarte Dorf Episkopí (»Bischofsstadt«) verlegt, woher das Dorf seinen Namen erhielt.

 Sehenswert

Curium
| Ausgrabung |
Auf einem Felsvorsprung über dem Meer breitet sich das weitläufige Areal 19 km westlich von Limassol beim Dorf Episkopí aus. Bis heute dient der herrliche Ausblick vom griechisch-römischen Theater als natürliche Kulisse. Weit schweift der Blick über das Meer. Das Theater wurde 1961 sorgfältig restauriert und ist im Sommer Austragungsstätte antiker Tragödien, Konzerte und eines Shakespeare-Festivals. Unter einem modernen Schutzdach aus schwedischem Holz breitet sich das Haus des Eustólios aus, eine ursprünglich private römische Villa, die später öffentlich genutzt wurde. Sie besteht aus einem ausgedehnten Bäder- und einem Wohntrakt mit zahlreichen Fußbodenmosaiken. Die frühchristliche Basilika diente vermutlich als Bischofskirche mit Taufkapelle.

■ Tgl. 8.30–19.30, Winter bis 17 Uhr, Eintritt 4,50 €

Stadion
| Ausgrabung |
6000 Zuschauer fasste das u-förmige Stadion mit drei Toren und sieben Sitzreihen aus dem 2. Jh. Ausgetragen wurde v.a. der Pentathlon, ein Fünfkampf in den Sportarten Laufen, Ringen, Sprung, Diskus- und Speerwurf.

■ 1 km hinter Koúrion an der Hauptstraße nach Páphos, Eintritt frei

Heiligtum des Apollo Hylátes
| Ausgrabung |

Apollo Hylátes, der »Beschützer des Waldes«, galt als Schutzgott der antiken Stadt Curium. Ihm war der heute teils restaurierte Tempel geweiht. Zu dem Kultort, der vom 8. Jh. v. Chr. bis zum 4. Jh. n.Chr. genutzt wurde, führt die »Heilige Straße« mit Bädern und Herberge für die Pilger.

■ 1 km hinter dem Stadion an der Hauptstraße nach Páphos

 Einkaufen

In ihrem **Kloster Ágios Geórgios** trocknen 14 Mönche verschiedene Kräuter und bieten sie als Gewürze oder Tees zum Verkauf an.■ 6 km westl. vom Apolloheiligtum im »Happy Valley« der britischen Streitkräfte gelegen. Tel. 25 21 20 00

13 Ómodhos

Der Vorzeigeort unter den vielen Weindörfern südlich des Tróodos-Gebirges

Im dünn besiedelten Hügelland südlich des Tróodos-Gebirges gelegen, gehört das malerische Dorf Ómodhos zu den »krassochória«, den Weindörfern, die den traditionellen Weinbau seit der Antike pflegen. Wein aus Zypern war an den europäischen mittelalterlichen Fürstenhöfen sehr begehrt. Der normannische Dichter Henri d'Andeli setzte ihm in seiner »bataille des vins« ein literarisches Denkmal, und im Libretto von Mozarts »Entführung aus dem Serail« trinkt Oberaufseher Osmin zu viel vom süffigen Zypernwein. Tagsüber besuchen viele Gruppen Ómodhos mit seinem Kopfsteinpflaster, der restaurierten Weinpresse, den gut be-

Noch heute ist eine Aufführung im antiken Theater von Curium ein Erlebnis

stückten Delikatessenläden und den gemütlichen Kafenía. Wer alleine unterwegs ist, sollte daher auf die frühen Abendstunden ausweichen.

Sehenswert

Monastíri tou Timíou Stavroú
| Kloster |
Wie das Kloster Stavrovoúni in der Nähe von Larnaka (S. 92) birgt auch dieses Kloster als Reliquie einen Splitter des Heiligen Kreuzes. Die heilige Helena, Mutter von Kaiser Konstantin dem Großen, brachte ihn aus Jerusalem nach Zypern.

Restaurants

€€ | **Katói** Die beste Taverne im Dorf bietet saisonale Gerichte wie »koupépia« (mit Hackfleisch gefüllte Weinblätter) oder »jemistá« (mit Reis gefüllte Tomaten, Auberginen, Zucchini, Paprika …).■ Linou 25, Tel. 99 67 44 44

In der Umgebung

Argyrídes
| Weingut |
 Zyperns uralte Weintradition ist im Aufwind. Kosten Sie vor Ort!
Jedes Jahr Decanter-Medaillen von einer kleinen Mittelmeerinsel? Das in Zentraleuropa wenig bekannte, 6000 Jahre alte Weinland, das niemals von der Reblaus befallen war, verblüfft so manchen Önologen. Neben den international bekannten Reben trumpft Zypern mit hochwertigem Wein aus autochthonen Sorten. Die wichtigsten sind der weiße Xynistéri und der rote Maratheftikó.
■ Vása Kilaníou, Tel. 25 94 59 99, http://vasawinery.com

ADAC *Mobil*

14 Plátres

Für die Zyprioten ist dieser Ort der »Schwarzwald im östlichen Mittelmeer«

Information

■ CTO: am Platz in Páno Plátres, Olýmpou 4C, Tel. 254 21 36

Der Ort besteht aus zwei Teilen: Das tiefer gelegene Káto Plátres ist ein gewachsenes Dorf ohne große Sehenswürdigkeiten, das höher gelegene Páno Plátres ist als Sommerfrische bei Einheimischen und Fremden beliebt. Im Frühling und bis weit in den November sind Wanderer unterwegs, für die Plátres ein idealer Ausgangspunkt ist. Die teils herrschaftlichen, mit grünen Fenstern und Backsteinen verzierten Villen stammen aus der britischen Kolonialzeit. Mit dem Vers des griechischen Literaturnobelpreisträgers Giórgos Seféris »die Nachtigallen lassen dich nicht schlafen in Plátres« schaffte es der Ort in die Weltliteratur. Im Mai tönen die Nachtigallen tatsächlich laut. Doch die Zeiten sind lange vorbei, in denen Staatsgäste und andere Prominenz sich mehrere Wochen einquartierten, vieles steht zum Verkauf.

ADAC *Mobil*

Auch ohne Auto gelangt man gut in das grüne Herz Zyperns. Von den Stationen »Alter Hafen« oder »Zentraler Busbahnhof« (in der Archiepiskópou Leontíou A') in Limassol verkehren täglich **Busse** nach Plátres und Tróodos. Die einfache Fahrt kostet nur 1,50 € – wahrlich ein Schnäppchen für die einstündige Fahrt in bequemen Bussen. Auch für einen Tagesausflug bietet sich die Busfahrt an. Nähere Informationen unter: *www.limassolbuses.com*

 Sehenswert

Millomeris Falls

| Wasserfall |

Aus 40 m Höhe stürzt der Gebirgsbach Milloméris in die Schlucht hinab. Ein leichter Wanderweg (etwa 1 Std. für Hin- und Rückweg, 200 m Höhenunterschied) führt durch ein romantisches Waldstück dorthin. Der Einstieg liegt ca. 200 m vom CTO-Büro an der Hauptstraße Richtung Káto Plátres linker Hand und ist gut ausgeschildert.

 Parken

Am besten parkt man an der Touristeninformation CTO (S. 45).

 Restaurants

(8) €€ | **Psilódendro** Der Gebirgsbach sorgt für frisches Wasser in Becken, in denen sich Forellen tummeln – frisch gegrillt eine Delikatesse. ■ 1 km oberhalb des Ortes, Winter geschl., Tel. 25 81 31 31, www.psilodendro.com

€ | **Astarte** Das zum Hotel Semiramis gehörende Restaurant serviert frische, ehrliche zypriotische Küche aus besten Zutaten. Chef Giórgos bietet täglich eine ausgezeichnete Auswahl seiner Kunst, z.B. »kléftiko« vom Lamm oder »melitzánes jiachní« (Auberginen mit Tomaten und Knoblauch). ■ Spírou Kypriánou 55, Mobil 99 75 67 96

 Cafés

Orósimo Der beste Cappuccino von Plátres und ein ausgezeichneter Apfelkuchen, von Mama gebacken. Im Winter gibt's Wolldecken, sodass man auch in den kalten Monaten auf der Terrasse sitzen kann. ■ Gegenüber von der CTO

 Kinder

Spartí Plátres Adventure Park Der erste Kletterpark Zyperns liegt wunderschön im Wald und bietet mehrere Parcours unterschiedlichen Schwierigkeitsgrades für verschiedene Altersgruppen (ab 2 Jahren) an. ■ Panagías Fanerómnis 50, Páno Plátres, Mobil 99 10 00 03, www.spartipark.com, zwischen 14 € und 32 € je nach Alter und Parcours, Bogenschießen 5 €, Sommer tgl. außer Mo

 Sport

Plátres ist ein guter Ausgangspunkt für **Biker**: Auf und um den Tróodos, den höchsten Berg Zyperns, führen zahlreiche MTB-Touren von unterschiedlichem Schwierigkeitsgrad.

 Wandern

Kaledonian Waterfalls Ein Betonweg links vor der Forellenzucht Psiló Déndro (1 km oberhalb von Páno Plátres,

Parkplatz) mündet nach kurzer Zeit in den Kaledonia-Trail, einen schmalen Wanderweg, der aufsteigend immer dem Wildbach Krýos Potamós folgt. Der »kalte Fluss« ist einer der wenigen Gebirgsbäche Zyperns, die immer Wasser führen. Gerade in heißen Sommern ist die kühle Luft in der Nähe des Bachs eine Wohltat. Der gut angelegte Weg quert mehrmals den Bach. Nach ungefähr 35 Minuten führt auf 1330 m eine Holzbrücke zu den Wasserfällen, die aus 15 m Höhe hinunterstürzen und bei Sonnenschein für Regenbogen sorgen. Auf 1575 m Höhe mündet der Naturlehrpfad dann rechter Hand in den Pouziáris-Trail (E 4-Wanderweg). Von dort geht es in 1,5 Stunden auf einem herrlichen Panoramaweg abwärts wieder zur Forellenfarm.

In der Umgebung

Monastíri Troodítissas
| Kloster |
Mitten im Kiefernwald liegt auf 1350 m das seit dem 16. Jh. bestehende Kloster, in dem heute 14 Mönche, darunter ein griechisch-orthodoxer Deutscher, in spiritueller Gemeinschaft leben. Um drei Uhr nachts beginnen sie ihren gemeinsamen Tag, vereint in Gebet, Gesang, stiller Lektüre, landwirtschaftlicher Arbeit und gemeinsamer Speise. Ein Kindersegen versprechender heiliger Gürtel und eine wundertätige Marienikone werden seit Jahrhunderten hoch verehrt und sind Pilgerziel zahlreicher Zypriotinnen. Die Klostergebäude sind neueren Datums, doch die Kirche ist mit ihrer reich verzierten Ikonostase von 1844, in die Teile der alten Ikonostase von 1530 eingearbeitet wurden, sehr sehenswert. Da die Mönche in ihrer Ruhe nicht gestört

werden möchten, sind Touristenbusse nicht erwünscht. Doch einzelne Besucher, die Respekt und Interesse für das Klosterleben zeigen, sind gern gesehen und können das Schild »Entry is not allowed to tourists« getrost passieren.

Pottery Museum
| Museum |
Im einst für seine riesigen »pithária« (tönernen Krüge) berühmten Töpferdorf Finí hat Theophánis Pilavákis in einem uralten Steinhaus eine kleine Sammlung großer Krüge und landwirtschaftlicher Geräte aufgebaut. Die riesigen Gefäße dienten früher zur Aufbewahrung von Olivenöl und Getreide, heute schmücken sie Dörfer und Gärten.

■ Finí, Hauptplatz, Voranmeldung erforderlich unter Tel. 25 42 15 08 oder 99 52 92 93

Am Eingang des gleichnamigen Klosters: ein Mosaik der Panagía Troodítissa

Loukoúmia
| Süßwarenladen |

Ouránia Pissouroú stellt aus natürlichen Zutaten und in traditioneller Weise die süßen »loukoúmia« her, die zum Kaffee gereicht werden. Gern führt sie Besucher durch ihre Manufaktur. Eine Voranmeldung ist sinnvoll.

■ Antóniou kai Evgenías Theodótou 8, Finí, Mobil 99 37 99 89

Tróodos und der Olymp

Das grüne Herz Zyperns lockt Ausflügler und Sportler zu jeder Jahreszeit

Information

■ Umwelt- und Informationszentrum Tróodos, Platía, Tel. 25 42 01 44, www.my Tróodos.com

Mit einer Ausdehnung von 9147 ha ist Tróodos der größte Naturpark Zyperns und ein riesiges Waldgebiet aus Kalabrischen Kiefern, Tróodos-Schwarzkiefern und Libanonzedern. Der eigentliche Ort ist nur ein großer Platz mit zahlreichen Cafés und Verkaufsständen sowie Ausgangspunkt gut ausgeschilderter Wanderwege. Die imposante Bergkette erreicht ihre höchste Erhebung auf dem Olymp (1951 m), der wegen seiner britischen Radarstation nicht zugänglich ist. Von Dezember bis März sind Skipisten in Betrieb – die Abfahrt ist allerdings in wenigen Minuten beendet. Dennoch kann es im Dezember ein unvergessliches Erlebnis sein, am selben Tag Ski zu fahren und nur eine Autostunde entfernt bei Sonnenschein im Meer zu baden.

Kinder

In einer ehemaligen Asbestmine wurde ein modernes **Informations- und Ausstellungszentrum** errichtet, in dem die Gesteinsformation des Tróodos-Gebirges anschaulich erläutert wird. Ein geologisch-botanischer Lehr-

Fast 2000 m ragen die bewaldeten Gipfel im Naturpark Tróodos in die Höhe

pfad und ein Museumsshop runden das Angebot ab. ■ Tróodos Geopark, Besucherzentrum, Makaríou III. 62, Galáta, Tel. 22 95 29 43, www.Tróodos-geo.org, Di–Fr 9–16 Uhr, Eintritt 3 €, erm. 2 €

 Wandern

⑨ Zwei Rundwanderwege um den Olymp starten in Tróodos: Der höher gelegene, 7 km lange, leicht zu bewältigende **Artemis-Weg** führt durch den Pinienwald und bietet herrliche Rundumausblicke. Doppelt so lang ist der ebenso schöne **Atalante-Rundwanderweg** mit mittlerem Schwierigkeitsgrad, für den man etwa 4–5 Stunden veranschlagen sollte.

16 Westliches Tróodos-Gebirge

Im Sommer kommen die Zyprioten gern in die malerischen Bergdörfer

An den nordwestlichen Hängen des Tróodos befindet sich das Marathása-Tal, eine fruchtbare Gegend mit ausgedehnten Obstplantagen. Traditionelle Bräuche wie Korbflechten und Töpfern werden meist nur von der alten Generation gepflegt. Doch so mancher kehrt mit neuen Ideen in das Heimatdorf seiner Väter zurück.

 Sehenswert

Kalopanagiótis
| Dorf |
Das hübsche Dorf auf über 860 m Höhe mit seinem Natron-Schwefelwasser und dem ausgezeichneten Quellwasser war in den 1930er-Jahren ein beliebter Kurort, bekannt auch für seine Forellenzucht. Aber mit der Zeit verfiel

Im Blickpunkt

Die ozeanische Kruste

Das fast 2000 m hohe Tróodos-Gebirge besteht überwiegend aus Gesteinen, die sich in der Tiefsee aus Magma gebildet haben. Es führt uns zurück in die Urvergangenheit unseres Planeten. Vor 90 Mio. Jahren ist in der Tiefe des Tethys-Weltmeeres, das etwa ein Gebiet vom heutigen Spanien bis nach Ostasien umfasste, Magma in die Kruste eingedrungen und zu Gestein mit dunklen Mineralien erstarrt. Viele weitere Mio. Jahre vergingen, bis durch Annäherung der eurasischen und afrikanischen Erdplatte Tethys immer kleiner wurde und die ozeanische Kruste ins Erdinnere drückte. Der Meeresboden hob sich an, erste Inseln entstanden, und aus ihnen formte sich vor 25 Mio. Jahren das Tróodos-Gebirge. Fundstücke mit ozeanischer Kruste mit sog. Ophiolithen (grünlich gesprenkelten Steinen) sind eine Attraktion für Geologen und Wanderer.

er, die Jungen wanderten in die Städte oder ins Ausland aus, die Schule, das Kino, das Postamt – alles schloss. Auch Jannis Papadoúris verdiente sein Geld in Dubai und London, bis er sich entschied, in sein Heimatdorf zu investieren. Das kostete viel Geld, Zeit und Überzeugung, denn kaum einer glaubte noch an die Wiederbelebung des Ortes. Aber das Resultat ist verblüffend! Mit der Umwandlung alter Häuser in B & Bs, Apartments, Shops und ein luxuriöses Spa sind viele junge Familien zurückgekehrt und haben im Agrotourismus eine neue Einkommensquelle gefunden. Und das Kino? Ist eine gut besuchte Taverne!

Ágios Ioánnis Lampadistís
| Kloster |

Der Komplex besteht aus drei ausgemalten Kirchen, die von einem riesigen Schutzdach bedeckt sind. Das älteste der zum UNESCO-Welterbe gehörenden Gebäude ist eine Kreuzkuppelkirche aus dem 11. Jh. mit Fresken vom 13.–16. Jh. Spannend sind die Tiere auf der Ikonenwand, darunter Ungeheuer, aber auch der Löwe der Lusignan und der byzantinische Adler. An der Nordseite schließt sich die Kirche des Ortsheiligen Lampadistís aus dem 18. Jh. an und schließlich die sog. Kapelle der Lateiner, eine irreführende Bezeichnung, die auf den italobyzantinischen Freskenstil hinweist.

■ Tgl. 9–12 und 14–17, Winter 13–16 Uhr

Panagía tou Moutoullá
| Kirche |

Die älteste erhaltene Satteldachkirche Zyperns ist Teil des UNESCO-Welterbes. Sie beeindruckt im Inneren durch lebensgroße Darstellungen der Muttergottes und Christus' auf Fresken, die 1280 gestiftet wurden. Auch das Stifterpaar ist zu sehen. Das Dorf Moutoullás ist bekannt für seine traditionelle Herstellung von Holzfuttertrögen aus Baumstämmen.

■ Moutoullás, am Hang über dem Ortseingang, Schlüssel bei Pater Miltiádes, Tel. 22 95 23 45

Pedhoulás
| Dorf |

Das terrassenförmig angelegte, für seine Kirschen berühmte Dorf war die Heimat des Reeders Loukás Hadji-Ioánnou, dessen Öltanker »Haven« 1991 vor der ligurischen Küste explodierte und für eine der schlimmsten Umweltkatastrophen im Mittelmeer sorgte. Er und Sohn Stélios, Gründer und Inhaber der Fluggesellschaft Easyjet, wurden in einem langwierigen Gerichtsverfahren von Schuld freigesprochen. Ist es ein Zufall, dass Stélios 2005 im Vaterdorf ein Umweltzentrum gründete, das seither als Schulungszentrum für Schüler genutzt wird?

Archángelos Michaíl
| Kirche |

Das Gotteshaus des Erzengels Michael bei Pedhoulás zählt zu den zehn Scheunendachkirchen des Tróodos-Gebirges auf der Liste der UNESCO-Kulturdenkmäler. Laut einer Inschrift wurde die Kirche 1474 ausgemalt – rechts über der Nordtür ließ sich Stifter Pater Basílios mit Frau und Töchtern darstellen und bat gleichzeitig um Vergebung seiner Sünden. In seiner Hand trägt er das Modell der Kirche, um es segnen zu lassen. Die drei Damen tragen die zeitgenössische Mode. Ähnliche Muster wie in ihren Kleidern werden heute noch in der Hohlsaumstickerei von Lefkára gefertigt.

■ Tgl. 10–18, Winter bis 16 Uhr

ADAC *Mittendrin*

Am **Karfreitag** wird in den orthodoxen Kirchen das Grab Christi nachgebildet. Vielerorts binden die Frauen Blumengestecke und fädeln Blüten auf Girlanden auf. Die Gläubigen verbeugen sich vor dem Grab und küssen die Christusikone.

Panagía tou Kýkkou
| Kloster |

In Zyperns berühmtestes, 1100 gegründetes und im 20. Jh. umfänglich renoviertes Kloster trat der erste Präsident der Republik und Erzbischof von Zypern, Makários III., seinerzeit als Novize ein. Es ist bei den Einheimischen ein beliebtes Ausflugsziel. Sie bewundern die üppige Ausstattung des reichsten Klosters der Insel, das über zahlreiche Ländereien, Kunstwerke und eine wundertätige Marienikone, die dem Evangelisten Lukas zugeschrieben wird, verfügt. Das Klostermuseum besitzt eine bedeutende Sammlung sakraler Gegenstände und Ikonen. Erzbischof Makários III. ist 3 km westlich in Throní begraben. Noch weiter westlich kommt man in das herrliche Zederntal.

■ Kýkko, Kloster und Museum 10–18, Winter bis 16 Uhr, Eintritt 5 €

Das Kloster in Kýkkos birgt eine reiche Sammlung an Ikonen

 Restaurants

€€ | **To Palió Cinemá** Aussichtsterrasse und ausgezeichnete zyprische Küche mit Spezialitäten wie »tavás«, im Tontopf geschmortes Lamm mit Tomaten, Zwiebeln und Kartoffeln, oder »louviá me láchana«, Augenbohnen mit Sellerie und Spinat. ■ Márkou Drákou, Kalopanagiótis, Tel. 99 30 27 5, Sommer tgl. außer Mo, Winter nur So

€€€ | **Byzantinó** Zypriotische Küche gehobenen Niveaus. Das Restaurant ist dem Hotel Casale Panagiótis angeschlossen. ■ Kalopanagiótis, unteres Dorf, Tel. 22 95 24 44

 Events

Am Karfreitagabend wird eine Nachbildung von Christi Grab durch das Dorf getragen, und ein langer Menschenzug mit Kerzen in der Hand schließt sich an – sehr eindrucksvoll!

17 Nördliches Tróodos–Gebirge

Nicht nur zur Zeit der Apfelblüte verzückt die Landschaft im nördlichen Tróodos

Wenn man vom Olymp nordöstlich Richtung Nikosia fährt, kommt man durch das Soléas-Tal mit seinen zahlreichen schmucken Bergdörfern, von denen Kakopetriá besonders heraussticht. Einst prägten viele Getreidemühlen die Landschaft, woran am ersten Septemberwochenende ein Mehlspeisen-Festival in Galáta erinnert. Dabei werden hauptsächlich süße Backwaren aller Art produziert und verkostet.

Sehenswert

Kakopetriá
| Dorf |

4 *Erfrischende Quellen und ein Dorfkern unter Denkmalschutz*

Nicht zuletzt wegen seiner Quellen ist der malerische Ort eine beliebte Sommerfrische und auch an den Wochenenden von Einheimischen bevölkert. Der alte Dorfkern mit seinen steilen Gassen, Lehmhäusern und der alten Mühle steht unter Denkmalschutz.

Ágios Nikólaos tis Stégis
| Kirche |

Das tief hinuntergezogene Dach (»stégi«) gab der byzantinischen Kirche mit Fresken vom 11. bis 17. Jh. ihren Namen. Zu den ältesten Malereien gehören die Verklärung und die Auferstehung des Lazarus aus dem frühen 11. Jh. Von den Wänden in Narthex und Kirchenschiff blicken Heilige in Lebensgröße. Der Heilige Nikólaos, dem das Gotteshaus geweiht ist, ist am Eingang zum Diakonikón, dem südlich der Apsis gelegenen Raum, in dem die Heilige Schrift und liturgische Gewänder für den Gottesdienst aufbewahrt werden, sogar noch größer dargestellt. Der russische Mönch und Reiseschriftsteller Basil Moscovorrossos hat sich im Jahr 1735 in der Kirche mit einem Graffito verewigt.

■ 5 km südwestl. von Kakopetriá, Di–Sa 9–16, So 11–16 Uhr

Ágios Archángelos Michaíl
| Kirche |

Die kleine, unscheinbare Scheunendachkirche wurde möglicherweise als Privatkapelle genutzt. Gestiftet 1514 von dem zum orthodoxen Glauben konvertierten Pólo Zacharías und ausge-malt auf Kosten eines gewissen Stéfano und seiner Frau Magdaléna, die zum Zeichen der katholischen Herkunft einen Rosenkranz in Händen hält, ist sie ein gutes Beispiel für die Vermengung katholischer und orthodoxer Riten.

■ Von Nikosia kommend noch vor dem Dorf Galáta rechts an der Straße, Di–Sa 9–16, So 11–16 Uhr, Küster 99 67 17 76

Panagía Eleoúsa Podýthou
| Kirche |

Die unterhalb der Kirche Ágios Archángelos Michaíl gelegene, größere Scheunendachkirche wurde 1502, also bereits in venezianischer Zeit, errichtet und steht unter dem Schutz der UNESCO. Ihre Fresken sind im italo-byzantinischen Stil gemalt: Abfolge und Motive der Wandmalerei folgen dem byzantinischen Muster, doch einzelne Figuren sind bewegter und perspektivisch dargestellt. In der Kreuzigungsszene im Westgiebel wimmelt es geradezu von Figuren. Einer der Peiniger Christi hält einen Banner mit dem Halbmond – ein kleiner, aber deutlicher Hinweis auf die zeitgenössische politische Lage, als die Osmanen immer mehr zur Bedrohung für die venezianischen Besitzungen im östlichen Mittelmeer wurden. Das heruntergezogene Dach schützte Kirche und Außenfresken vor Witterungseinflüssen.

■ Von Nikosia kommend noch vor dem Dorf Galáta rechts an der Straße, Di–Sa 9–16, So 11–16 Uhr, Küster 99 67 17 76

Panagía tis Asínou
| Kirche |

5 *Von außen schlicht – man könnte diesen Schatz beinahe übersehen*

Für viele Reisende ist dieses Gotteshaus die schönste Scheunendachkirche Zyperns. Von dem mittelalter-

![Die Panagía tis Asínou ist im Inneren lückenlos mit prächtigen Fresken ausgemalt]

Die Panagía tis Asínou ist im Inneren lückenlos mit prächtigen Fresken ausgemalt

lichen Dorf Asíne ist außer ein paar versteckten Ruinen nicht viel mehr als die kleine Kirche übrig geblieben. Die auch Panagía Forviótissa genannte Kirche liegt heute idyllisch einsam und wird nur noch beim Kirchweihfest am Osterdienstag genutzt. Berühmt ist sie wegen ihrer Fresken vom frühen 12. bis zum 14. Jh., die Narthex, Náos und Apsis komplett bedecken. Ein Fresko zeigt die 40 Märtyrer von Sevaste, die von den Römern nur mit Unterhose bekleidet auf einen zugefrorenen See geschickt werden. Zähneklappernd ertragen sie ihr Martyrium. Einer, der die Qual nicht mehr aushält, wird von der anderen Seite ersetzt. Ihnen gegenüber sind Kaiser Konstantin der Große, in dessen Regierungszeit das Toleranzedikt für das Christentum fällt, und seine Mutter Helena, die Splitter des Heiligen Kreuzes nach Zypern brachte, in prächtigen Gewändern gemalt. Im Narthex begegnet man dem auf einem Löwen reitenden Lokalheiligen Mámas sowie dem Heiligen Georg in opulenter Rüstung und erschrickt vor den Höllenqualen der Verdammten.

■ 4 km südwestl. von Nikitári (gut ausgeschildert), Mo–Sa 10–13, 14–16, So 10–16 Uhr

 Restaurants

€€ | **Forviótissa** Das riesige Lokal zieht v.a. im Sommer Zyprioten zu Familienfeiern mit »souvla« (Lamm am Drehspieß) an. ■ 250 m von der Asínou-Kirche an der Straße, Tel. 22 99 99 22

 Wandern

Hinter dem Restaurant beginnt ein leichter Wanderweg, der durch Wald und Felder in zwei Stunden nach Ágios Theodóros führt.

18 Östliches Tróodos–Gebirge

Eine Region für kulturhistorisch Interessierte ... und Feinschmecker

Rund 40 Bergdörfer liegen inmitten von Weinbergen, Mandel- und Obstplantagen, und tatsächlich leben bis heute viele Menschen der Pitsiliá-Region vom Obstanbau. Wer mag, nimmt sich etwas Obst in Form von »glykó« mit nach Haus – eingelegte Löffelsüßigkeit vom Feinsten!

⬤ Sehenswert

Agrós
| Ort |
Der im Tal gelegene, von Obstplantagen und Reben umgebene Ort auf 1200 m Höhe ist Zentrum der Region Pitsiliá. Agrós ist auf der ganzen Insel berühmt für seine traditionellen

Hier wird auf traditionelle Art Schinken geräuchert

Produkte, darunter Räucherschinken (loúntza), Würste (loukánika), Rosenwasser und eingelegte Früchte (glykó).

Panagía tou Araká
| Kirche |
Die Kirche gehört ursprünglich zu einem Ende des 12. Jh. errichteten Kloster, das jedoch im 18. Jh. aufgegeben wurde. Der einschiffige Bau hat eine ungewöhnlich hohe Kuppel, unter der Christus Pantokrator umgeben von Engeln als Weltenrichter über den Gläubigen thront. Erst im 14. Jh. wurde die Kirche mit einem zweiten, tief liegenden Dach geschützt. Eine Inschrift über dem Nordeingang nennt den Stifter Leon, der 1192, also kurz nach der Eroberung Zyperns durch die Kreuzfahrer, die Kirche ausmalen ließ und dafür Künstler aus Konstantinopel engagierte, die auf der Insel wirkten. Die Fresken sind von außergewöhnlicher Qualität und Farbigkeit und entsprechen dem höfischen Stil der oströmischen Hauptstadt. Zu Recht ist die Kirche unter dem Schutz der UNESCO.

■ Lagouderá, oberhalb des Ortes; Anfahrt: von Plátres über Tróodos und Chandriá, von Limassol E 110 nach Ágros und über Chandriá. Küster Mobil 99 55 73 69, Sommer Mo–Sa 9–13 und 15–18, So 10–13, 15–18 Uhr, Winter Mo–Sa 9–13, 15–16.30, So 10–13, 15–16.30 Uhr

Cafés

Straßenimbiss mit gutem zypriotischen Kaffee neben dem Parkplatz kurz vor der Kirche Panagía tou Araká, gegenüber einer 800-jährigen Eiche. Im Herbst gibt's hier Nüsse, getrocknete Kirschen, Rosinen und »soutzoúko« (Süßes aus Nüssen und Traubenmus) aus eigener Produktion. ■ Lagouderá

Einkaufen

(10) Chrístos Tsolákis Die Produkt-palette des Familienbetriebs ist beeindruckend: Aus den Blüten der Damaszenerrose produziert Chrístos Öle und Rosenwasser, die er Tees, Essig, Schokolade und Likören zusetzt. Besonders erfolgreich ist die Naturkosmetikserie »Venus Rose«. ■ Agrós, Triantafíllon 12, www.rose-tsolakis.com

Níki Agathokléus Hier gibt's Süßes, nicht Saures: Marmeladen, eingekochte Früchte, Karobensirup und viele weitere Köstlichkeiten. ■ Agrós, Triantafíllon 5, Tel. 25 52 14 00

19 Tímios Stavrós tou Agiasmáti

Großartige, zum UNESCO-Weltkultur-erbe gehörende Kreuzeskirche

■ Die Öffnungszeiten variieren, in der Nebensaison öffnet die Kirche nur nach Bedarf: Der zuständige Priester Chrístos (Mobil 99 67 72 16) ist gewöhnlich innerhalb einer Viertelstunde an der Kirche.

Die Scheunendachkirche gehört zu den byzantinischen Denkmälern des Tróodos-Gebirges, die in die Weltkulturerbeliste der UNESCO aufgenommen wurden. Das einschiffige Gotteshaus ist die einzige Kirche mit einem vollständig geschlossenen Umgang auf Zypern und gehörte zu einem kleinen Kloster. Von herausragender Qualität und Bedeutung sind die Wandmalereien vom Ende des 15. Jh., die deutlich venezianischen Einfluss aufweisen. Ihr Schöpfer ist laut einer Inschrift Phílippos Goul, der auch andere Kirchen auf Zypern ausmalte. Das ikonografische Programm umfasst

ADAC *Mobil*

Am günstigsten sind **Mietwagen,** wenn Sie mit der Flugbuchung über das Internet reservieren. Achten Sie auf ausreichenden Versicherungsschutz, der ggf. auch jenseits der Grünen Linie gültig ist. Nicht alle Verleiher lassen die Fahrt in den Norden zu. Auch im Frühjahr benötigen Sie Allround-Reifen, da im Tróodos-Gebirge noch Schnee liegen kann.

u. a. Szenen aus dem Marien- und Christuszyklus, dem Alten Testament und dem Erzählzyklus der Auffindung und sog. Erhöhung des Heiligen Kreuzes (Tímios Stavrós). Im Giebel stellt Goul nach der orthodoxen Tradition eine Kreuzigung dar und schafft mit der Darstellung von Gottvater und dem Heiligen Geist eine Dreifaltigkeit nach westlicher Tradition. Viele einzelne Details wie der Hahn in der Szene des Verrats sind realistisch dargestellt, und die Dreidimensionalität mancher Gesichter ist ein weiterer Hinweis auf westliche Malweise. Besonders eindrucksvoll ist das Jüngste Gericht an der Westwand im Umgang. Die hölzernen Dachbalken sind aufwändig dekoriert, u. a. mit dem Mandýlion (Abbildung des Heiligen Tuches mit dem Gesichtsabdruck Christi).

 Wandern

Ein gut ausgeschilderter **Kammweg über den Kourtellórotsos,** Teil des europäischen Fernwanderwegs E 4, verbindet die Panagía tou Aráka mit der Tímios Stavrós tou Agiasmáti (2,5 Std. einfach, Höhenunterschied 700 m, Einstieg am Ende von Lagouderá).

Übernachten

Wer ausgelassenes Strandleben, coole Beachbars und städtisches Ambiente liebt, ist in Limassol gut aufgehoben. Die Hotellerie der Stadt ist allerdings recht teuer. Eine gute und ruhige Alternative sind die empfohlenen Adressen in liebevoll restaurierten Dörfern. Agrotourismus ist auch das Zauberwort im Tróodos-Gebirge. Viele Dörfer wäre ohne die Hilfe des Tourismus schon ausgestorben. Ein schönes Beispiel dafür ist Kalopanagiótis. Von hier aus erkunden Sie Scheunendachkirchen, genießen Natur pur und die ursprüngliche zypriotische Gastfreundschaft.

In und um Limassol 36

€ | Avalon Village Houses Der Komplex liegt zehn Autominuten von Limassol entfernt im Dorf Fasoúla. Fünf behutsam im alten Stil wiederaufgebaute Apartmenthäuser teilen sich Hof, Garten und Pool. Fürsorglicher Empfang und gutes Restaurant. ■ Fasoúla, Vanioú Spánia 4, Tel. 25 45 29 52, www.avalonvillagehouses.com

€ | To Háni 11 km von Limassol entfernt liegt dieses alte Steinhaus mit Garten. Tracey hat sich mit diesem B&B ihren Traum verwirklicht. Sie bietet auch Kochkurse für Alt und Jung. ■ Paramýtha, Smýrnis 1, Mobil 97 64 31 65, https://rooms.toxani.com

€€ | Harmony Bay Hotel Am Strand und dennoch zentral gelegen, die Haltestelle für Bus Nr. 30 befindet sich direkt am Hotel. Moderne, großzügige Zimmer, ideal für Familien, die Strandurlaub mit Unternehmungen und Stadtleben verbinden möchten. Mit Pool. Unbedingt Zimmer mit Meerblick verlangen. ■ Leofóros Georgíou A' 74, Stadtteil Germasógeia, Tel. 25 32 80 81, www.harmonyhotel.com.cy

€€ | Oinóessa Traditional Guest House Im Hinterland von Limassol und auf halbem Weg Richtung Tróo-

dos wohnt man in sechs im Vintage-Look eingerichteten Studios und Apartments in Steinhäusern, einige mit Kamin. ■ Lófou, Ioánni Stavrianí, Tel. 99 37 33 71, www.oinoessa.com

€€€ | Mediterranean Bewährtes 4-Sterne-Hotel ohne Schnickschnack mit großzügiger Anlage und echten Palmen direkt am Strand, im Winter 2017/18 renoviert. Spa, Indoor- und Outdoor Pools. ■ Leofóros Amathoúntos 71, Stadtteil Ágios Tychón, Tel. 255 59 99, www.medbeach.com

Plátres 45

⑪ **€ | Semíramis** Mit viel Enthusiasmus und Fürsorge für seine Gäste betreibt ein junges Paar seit Anfang 2017 das von Kiefern umgebene, charmante kleine Hotel aus der Kolonialzeit. Chará verwaltet die Buchungen, serviert und kümmert sich um die Zimmer, Giórgos kocht göttlich. Ganzjährig geöffnet, in der kühlen Jahreszeit ist es am offenen Kamin urgemütlich, im Sommer auf der Terrasse im Freien. Unbedingt mit Halbpension buchen. ■ Páno Plátres, Spírou Kyprianoú 55, Mobil 99 75 67 96, www.semiramishotelcyprus.com

€€ | Forest Park Hotel
Das altehrwürdige Haus hat schon viel Prominenz gesehen: König Farouk war mehrmals zu Gast, die Autorin Daphne du Maurier schrieb hier ihren Bestseller »Rebecca«, und auch Willy Brandt und Erich Honecker schätzten Komfort, Diskretion und Eleganz sowie den herrlichen Pool mitten im Wald. Der alte Charme im Stil der 1950er-Jahre findet auch heute noch Anhänger, schon beim Betreten des Hotels fühlt man sich in eine andere Zeit versetzt, in der die Uhren noch langsamer tickten. Im Winter bleibt das Haus geschlossen. ■ Páno Plátres, Spírou Kyprianoú 62, Tel. 25 42 17 51

Westliches Tróodos-Gebirge 49

€€ | Casale Kalopanagiótis Acht über das alte Dorf verteilte Steinhäuser wurden sorgfältig renoviert und in elegante Hotelzimmer und Apartments umgewandelt – ein Beispiel für gelungenen Agrotourismus, der ländliche Umgebung mit modernem Komfort und traditionellem Charme vereint. Vom luxuriösen Spa fällt der Blick ins Grüne, das angeschlossene Restaurant Byzantino ist ein Erlebnis für Gourmets. ■ Tel. 22 95 24 44, www.casalepanayiotis.com

Östliches Tróodos-Gebirge 54

€ | Ambélikos Agrohotel Ákis und Élena haben für ihre Gäste ein kleines Paradies geschaffen: Von den traditionellen, im zypriotischen Stil eingerichteten Zimmern fällt der Blick über Obstgärten ins Grüne. Im Hof werden frisch zubereitete zypriotische Gerichte aufgetischt. ■ Potamítissa, Tel. 25 52 22 11, www.ambelikos.com

€ | Livádia Das in dritter Generation geführte, völlig modernisierte Hotel liegt direkt am Waldrand. Es gibt einen großen Pool, und einige Zimmer haben einen eigenen Kamin. ■ Archiepiskópou Makaríou 9, Tel. 25 53 29 29, www.livadiahotelcyprus.com

ADAC *Das besondere Hotel*

Von außen erinnert **The Mill Hotel** an ein tibetanisches Kloster, innen ist die historische umgebaute Wassermühle ein Hotel mit Restaurant, in dem als Spezialität des Hauses vorzügliche Forellen serviert werden. Die Zimmer sind im Dorfstil mit Stein und viel Holz eingerichtet. Die Lage ist spektakulär, von den schönen Terrassen geht der Blick über Fluss und Dorf.
€€ | The Mill Hotel, Odós Mílos 8, Tel. 22 92 25 36, www.cymillhotel.com

Nikosia und Umgebung

Die letzte geteilte Hauptstadt der Welt liegt in Europa – eine nur teilweise durchlässige Grenze führt seit 1974 mitten durch die Altstadt

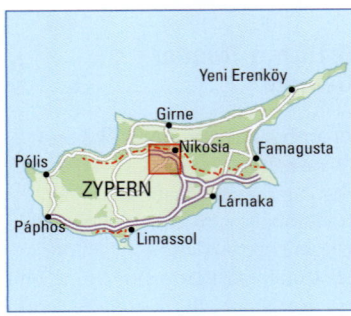

Nikosia, Lefkosía, Lefkoşa – die Hauptstadt Zyperns seit der byzantinischen Epoche hat viele Namen und viele Gesichter. Da ist das pulsierende Geschäftsleben der modernen griechisch-zypriotischen Metropole mit ihren glitzernden Wolkenkratzern und ausgedehnten Wohnvierteln, die sich immer mehr in die Mesaória-Ebene ausbreiten. Auf der anderen Seite der türkisch-zypriotische Teil, der sich als Hauptstadt eines völkerrechtlich nicht anerkannten Staates versteht und in dem in manchen Vierteln die Zeit stehen geblieben ist. Hier läuten die Glocken der orthodoxen Kirchen, dort ruft der Muezzin zum Gebet. Verstörend seit Jahrhunderten wirken die Minarette auf der einstigen Krönungskirche der Lusignan, Sainte-Sophie, einem Juwel der Gotik im östlichen Mittelmeer. Die mächtige venezianische Festungsmauer verbindet mit ihrem eindrucksvollen Ring nur architektonisch die beiden so unterschiedlichen

Teile. Denn dazwischen verläuft eine sorgfältig von Soldaten, UNO-Truppen, Sandsäcken und Stacheldraht abgeriegelte Mauer, die keine ist, aber jenseits der drei Checkpoints ebenso undurchdringlich ist. Ein Dauerprovisorium seit bald 50 Jahren. Doch seit 2004 sind die Checkpoints offen, und täglich überqueren sie viele Arbeitnehmer und Besucher.

In diesem Kapitel:

ADAC Top Tipps:

6 Checkpoint Ledra Palace
| Grenzübergang |
Das einst beste Hotel der Stadt am Checkpoint gehört heute den UNO-Truppen, und nirgendwo könnte das Goethe-Institut besser angesiedelt sein als an diesem Ort. Hier treffen sich auf neutralem Boden türkische und griechische Zyprioten. 73

ADAC Empfehlungen:

12 Levéntis-Galerie, Nikosia
| Museum |
Ein neuer Hotspot der Kunstszene mit tollen Ausstellungen. 65

 Shakolas Tower, Nikosia
| Aussichtsturm |
Das höchste Gebäude der Altstadt
bietet eine fantastische Aussicht über
die ganze Stadt, die Mesaória-Ebene
und das Pentadáktylos-Gebirge. 68

 **Inga's Veggie Heaven,
Nikosia**
| Restaurant |
Veganes und Vegetarisches im Kunst-
handwerkerviertel. Inga steht am
Herd, ihre Töchter servieren. 71

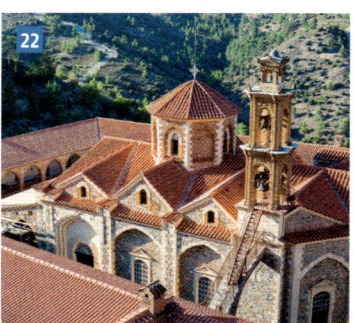

 Kafeneío 11, Nikosia
| Café-Bar |
Ein Hauch von Athen in Nikosia, mit
Livemusik. Tagsüber ein Ort zum
Chillen, abends angesagte Bar. 72

 Lýhnos, Askás
| Hotel |
Im Einklang mit der Natur: Ein
200 Jahre altes Steinhaus wurde be-
hutsam in ein schickes Boutiquehotel
verwandelt. 81

20 Nikosia

Die letzte geteilte Hauptstadt der Welt

![Nikosia Stadtansicht mit Kyrenia-Gebirge]

Nikosia liegt in der Mesaória-Ebene, doch das Kyrenia-Gebirge ist nicht weit

Information

■ CTO Aristokýprou 11, Laikí Geitoniá, Nikosia, Tel. 22 67 42 64, www.visitnicosia. com.cy , Mo–Fr 8.30–16, Sa bis 14 Uhr
■ Touristen-Information Girne-Tor (Girne Kapısı) Mo–Fr 9–17, Sa, So 9–14 Uhr, Tel. +90 39 22 27 29 94
■ Der Folder »Nicosia Events« erscheint alle drei Monate und liegt in zahlreichen Museen, Hotels und Cafés aus.
■ Parken siehe S. 70

Vor ca. 4500 Jahren siedelten die ersten Menschen in der fruchtbaren »Mesaória«-Ebene, dem Land »zwischen den Gebirgen« Tróodos und Pentadáktylos. Doch erst zur Zeit der Kreuzzüge stieg Nicosie, wie die französische Dynastie der Lusignan ihre Stadt nannte, zu voller Blüte auf. Das Adelsgeschlecht war seiner Besitzungen im Heiligen Land beraubt und verlegte seine Residenz kurzerhand nach Zypern. Die Lusignan brachten Gotik, den Katholizismus und das Jagdvergnügen ins Land. Im 15. Jh. stritten sich die großen Seemächte Genua und Venedig um Zypern. Durch geschickte Heiratspolitik fällt die Insel schließlich an die Venezianer. Sie zerstören den fränkischen Königspalast und errichten in einem verzweifelten Wettkampf gegen die Zeit (Rhodos

Plan
S. 62/63

kasten aus der Kolonialzeit ist noch immer im Dienst. Doch der Ruf nach Freiheit ertönt seit den 1950er-Jahren immer lauter. Nikosia ist ein Hotspot der Dekolonisierungsbewegung auf der Insel. Der Kampf gegen die Engländer entzweit griechische und türkische Zyprioten. Seit 1963 verläuft die »Grüne Linie« mitten durch die Altstadt mit abgegrenzten türkisch-zypriotischen und griechisch-zypriotischen Wohnquartieren. Nach dem griechischen Staatsstreich gegen Makários und den darauf folgenden türkischen Invasionen im Sommer 1974 entstand ein Grenzwall in Form von Stacheldraht, Barrikaden und Bretterverschlägen. Dreißig Jahre lang war diese von UNO-Soldaten bewachte Zone undurchdringlich, bis 2003 symbolträchtig der erste Grenzübergang am Ledra Palace geöffnet wurde. Seither sind die Verhandlungen für eine Wiedervereinigung im Sande verlaufen, und an vielen Stellen erinnert Nikosia an das Berlin zur Zeit der Teilung, auch wenn Touristen wie Einheimische mittlerweile unkompliziert die Seite und damit die Kultur wechseln können.

war bereits 1522 an die Osmanen gefallen) dicke Wallanlagen, um die neue Großmacht fernzuhalten – vergebens: 1570 ist es so weit, die Osmanen durchdringen die Bastion, und der Palazzo del Governo wird für 300 Jahre Sitz des Paschas. Zahlreiche Kirchen werden in Moscheen verwandelt, so die fränkische Krönungskathedrale Sainte-Sophie. In der Altstadt erinnern Holzhäuser mit hübschen Erkern an die traditionelle osmanische Bauweise. Mit den Briten erhält Nikosia ab 1878 den Anschluss an den Westen. Sie kümmern sich um einen Antikendienst, ein modernes Post- und Bildungswesen. So mancher rote Brief-

ADAC *Spartipp*

Die CTO bietet mehrmals in der Woche **gratis Führungen** in verschiedene Viertel in englischer Sprache an. Informationen unter www.visitnicosia.com.cy und im Prospekt »Discover Nicosia, free guided tours«, der in vielen Hotels ausliegt.

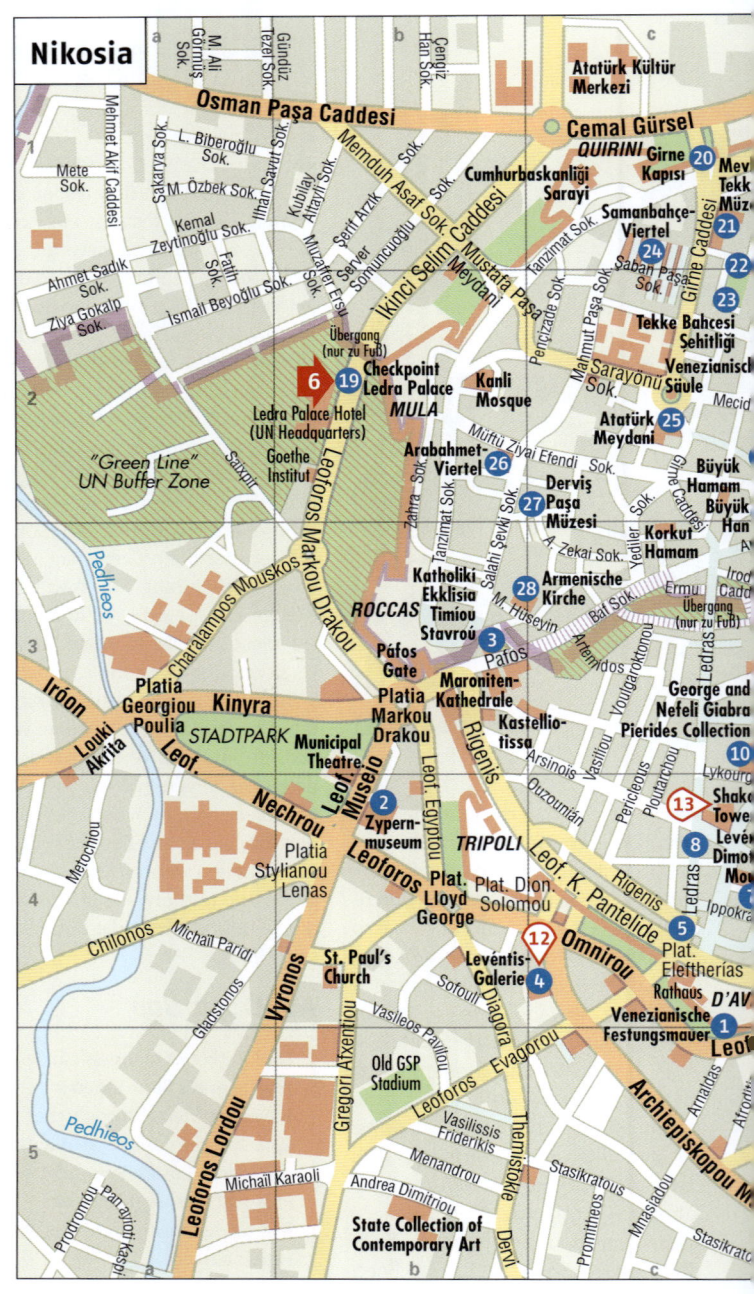

Nikosia

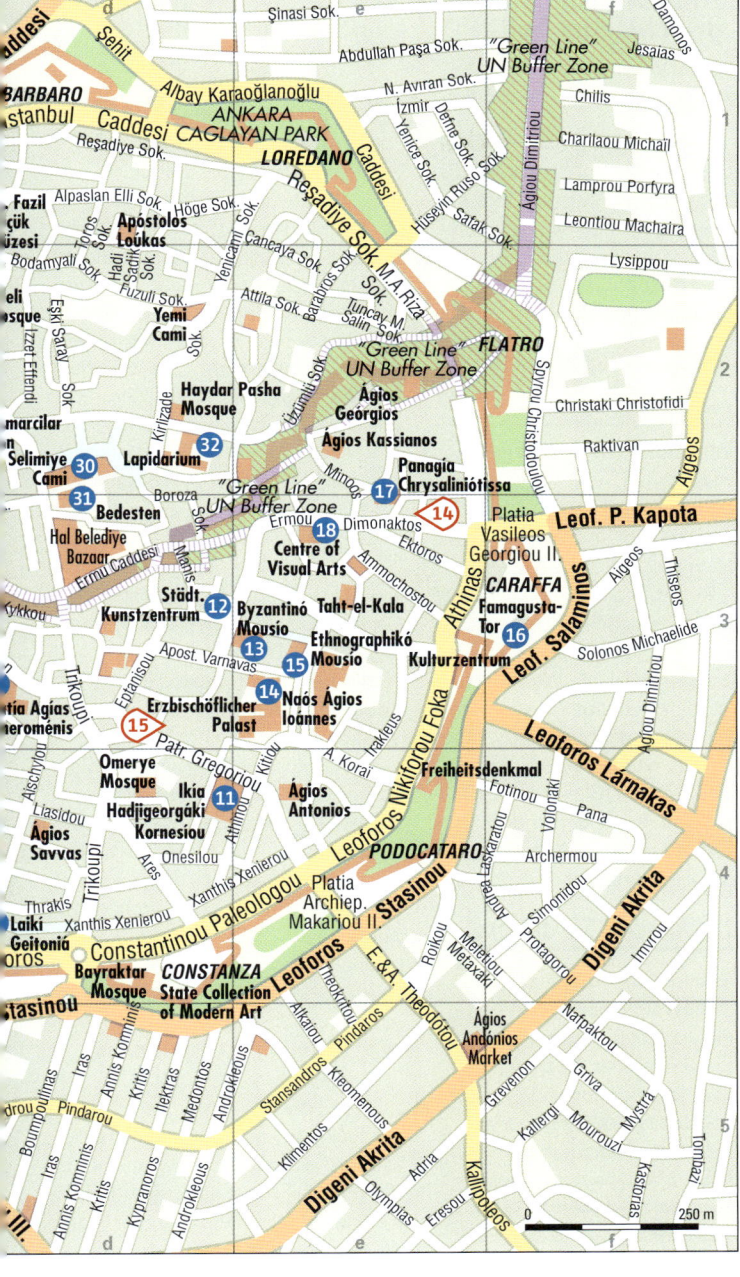

Lefkosía – Nikosias griechischer Teil

In Lefkosía locken Zyperns kreative Szene und eine lebendige Altstadt

Der Legende zufolge gründeten Griechen nach dem Trojanischen Krieg die Stadt mit Namen Lédra, die eines der zwölf Stadtkönigtümer wurde. In ptolemäischer Zeit erhielt sie dann den Namen Levkothéon, auf den die griechische Bezeichnung Levkosía zurückgeht.

 Sehenswert

Venezianische Festungsmauer
| Altstadtring |

Elf Bastionen, drei Tore, kreisrund auf einer Länge von 5 km – die venezianische Festungsmauer ist eine der besterhaltenen der Renaissance. Angelegt war sie vom Festungsbaumeister Giulio Savorgnano 1567 im Wesentlichen als Erdwall, doch nutzte der ganze Aufwand den Venezianern nichts: Vier Jahre später wurde Nikosia von den Osmanen erobert, die den Wall mit Steinquadern verstärkten und die Gräben aushoben. Diese dienen heute teilweise als Sportanlagen oder Park-

ADAC *Wussten Sie schon?*

Der Gründer der Fluglinie Easyjet, **Sir Stélios Hádji-Ioánnou,** ist ein Zypriote. Er hat in Nikosia eine Stiftung gegründet, die täglich gratis in Griechenland und Zypern Sandwiches an Bedürftige verteilt und Stipendien für griechische und türkische Zyprioten im Bereich Umwelt und Bildung vergibt (www.stelios.org).

plätze. Die meisten touristischen Sehenswürdigkeiten befinden sich innerhalb des Walls.

Zypernmuseum
| **Archäologisches Museum** |

Die Präsentation des Nationalmuseums, des bedeutendsten Museums der Insel, ist reichlich angestaubt und seit der Kolonialzeit kaum verändert, ein lang ersehnter Neubau aufgrund finanzieller Engpässe nicht in Sicht. Der Unterschied zu den privat finanzierten Sammlungen der Levéntis-Stiftung (S. 65) könnte größer nicht sein. Doch nirgendwo sonst erhält man einen so ausführlichen chronologischen Überblick über die Entwicklung und Vielfalt der zypriotischen Kultur vom Neolithikum bis in die byzantinische Epoche. Präsentiert werden in 14 Räumen verschiedene Gebrauchsgegenstände, Skulpturen, Grabfunde, Schmuck, Münzen und Kultfiguren. Herausragend sind Hunderte von Tonfiguren aus Agía Iríni, Skulpturen, mit Elfenbein-Intarsien verzierte Möbel aus den sog. Königsgräbern in Sálamis sowie eine umfangreiche Keramiksammlung, die deutlich die Wechselwirkung mit fremden Einflüssen aus dem Vorderen Orient, Ägypten und Griechenland zeigt.

■ Mousíou 1, Do–Fr 8–18, Sa 8–17, So 10–13 Uhr, Eintritt 4,50 €

Katholikí Ekklisía Timíou Stavroú
| Kirche |

Die 1902 errichtete katholische Heiligkeuzkirche grenzt an das westliche Tor des venezianischen Befestigungswalls, eine heute besondere Lage: Die Fassade liegt auf der griechisch-zyprioti-

Das Zypernmuseum bietet einen Überblick über die zypriotische Kultur

schen Seite, das Kirchenschiff in der Pufferzone und der hintere Teil der Apsis im türkisch-zypriotischen Teil der Stadt.

■ Páphos-Tor

 Levéntis-Galerie
| Museum |

 Privatsammlung und Gebäude sind gleichermaßen sehenswert

Hätten Sie gedacht, dass Nikosia über eine wirklich erstklassige Pinakothek verfügt? Der sehenswerte moderne Bau hat sich schnell zum kulturellen Hotspot der Stadt entwickelt. Auf drei Etagen wird zyprische Kunst, darunter das meterlange Meisterwerk »Die Welt Zyperns« von Adamántios Diamantís, präsentiert, hinzukommen europäische Meister und griechische Kunst des 19. und 20. Jh. Schwerpunkt ist die »Pariser Sammlung« europäischer Meister, zusammengetragen von Anastásios G. Levéntis, der als erfolgreicher Kaufmann zu Reichtum gelangt war. Die Sammlung schmückte die Pariser Wohnung der Familie, bevor sie in dieses herausragende Museum umzog.

■ Anastásios G. Levéntis 5, www.leventisgallery.org, Do–Mo 10–17, Mi 10–22 Uhr, Eintritt 2 €

 Platía Eleftherías
| Platz |

Seit Jahren ist der von Zaha Hadid entwickelte Masterplan für die Neukonzeption des Freiheitsplatzes eine Dauerbaustelle, eine Art Berliner Flughafen in Nikosia. Die staatlichen Mittel stocken, archäologische Funde verzögern die Fertigstellung. Doch irgendwann wird ein moderner, urbaner Platz am venezianischen Wall die Neustadt mit der Altstadt verbinden, und die Zyprioten werden zu politischen Kundgebungen, Feiern und Demos an diesen geschichtsträchtigen Ort zurückkehren.

Im Blickpunkt

Der Zypernkonflikt

Seit 44 Jahren ist Zypern in einen griechischen und türkischen Teil geteilt.
Eine weitere Generation wächst nun
mit der Teilung auf und entfremdet
sich zunehmend vom jeweils anderen
Bevölkerungsteil. Das war nicht immer
so, wie ein kurzer Blick auf die Geschichte verrät: Die heutigen türkischen Zyprioten sind Nachfahren der
Osmanen, die 1571 die Herrschaft
über die Insel von Venedig übernah-
men. Tatsächlich wurden die Osmanen von den meisten griechisch-or-
thodoxen Zyprioten zunächst als Be-
freier begrüßt, da sie auch in religiöser

Hinsicht toleranter als ihre katholischen Vorgänger waren. Das änderte sich
erst 250 Jahre später, als das Osmanische Reich schwächelte und mit grausa-
men Abschreckungsmaßnahmen ein Übergreifen revolutionärer Gedanken im
Zuge des griechischen Befreiungskampfes auf blutige Weise unterdrückte. Zu
ersten handgreiflichen Auseinandersetzungen zwischen griechischen und türkischen Zyprioten kam es durch importierten Nationalismus aus den Mutter-
ländern v. a. im Anschluss an den griechisch-türkischen Krieg 1923. Die Zyperngriechen sympathisierten mit einer »Énosis«, dem Anschluss an Griechenland, was zwangsläufig zu Spannungen mit den Zyperntürken führte.
Im Zweiten Weltkrieg kämpften beide Bevölkerungsteile noch Seite an Seite
für Großbritannien, doch im Zuge einer weltweiten Dekolonisierung wurde
der Énosis-Gedanke erneut formuliert, worauf die Zyperntürken mit der Forde-
rung nach »Taksim«, Teilung, reagierten. Großbritannien war unfähig, die Wo-
gen des bewaffneten Aufruhrs durch Terrororganisationen auf beiden Seiten
zu glätten. Aus Furcht vor einem offenen Konflikt zwischen den NATO-Part-
nern Griechenland und Türkei entließ es Zypern 1960 in die Unabhängigkeit.
Die (noch heute offiziell in der Republik Zypern geltende) stark ethnisch ge-
prägte Verfassung sah vor, dass der Staatspräsident stets ein orthodoxer Zy-
perngrieche, sein Stellvertreter ein Zyperntürke sein solle. Großbritannien,
Griechenland und die Türkei erhielten den Status von Garantiemächten.
Erster Staatspräsident Zyperns wurde Erzbischof Makários III., was die enge
Verbindung zwischen orthodoxer Kirche und Staatsangelegenheiten zeigt
und jede Menge Konfliktpotential bot, denn Makários war einer der virulenten
Wortführer der Énosis in den 50er-Jahren gewesen. Tatsächlich wurden in der
jungen Republik die Zyperntürken, die 18 % der Bevölkerung stellten, stets auf

einen zweiten Platz in der Politik verwiesen, und erste Auseinandersetzungen führten im Jahr drei der Unabhängigkeit zu bürgerkriegsähnlichen Verhältnissen. Seither ist eine UNO-Friedenstruppe auf Zypern stationiert. Im jungen unabhängigen, aufgrund der Vorarbeit der Briten westlich-modernen Staat hatte Makários bald kein Interesse mehr an der Énosis. Daher putschte die griechische Militärdiktatur am 15. Juli 1974 gegen ihn, woraufhin die Türkei von ihrem Recht als Garantiemacht Gebrauch machte und intervenierte. In Griechenland stürzte die Junta, und eine demokratische Regierung trat an ihre Stelle, die Zyperns Autonomie respektierte. Daraufhin hätte sich die Türkei aus Zypern zurückziehen müssen – sie nutzte jedoch die militärische und politische Schwäche Griechenlands sowie militante Auseinandersetzungen auf der Insel zu einer zweiten, völkerrechtlich nicht gerechtfertigten Invasion am 14. August 1974 (Operation Attila) und besetzte 37 % der Landesfläche, auf der bis dahin 70 % des Bruttosozialproduktes erwirtschaftet worden waren. Es folgte ein Bevölkerungsaustausch und ein innerzyprisches Flüchtlingsproblem, das Heimat- und Arbeitsplatzverlust, materielle Not und menschliches Leid auf beiden Seiten mit sich brachte.

An Wiedervereinigungsverhandlungen haben sich Diplomaten, Vermittler und Politiker die Zähne ausgebissen. Die 2004 vom damaligen UNO-Generalsekretär Kofi Annan vorgeschlagene Wiedervereinigung nach Schweizer Modell scheiterte in einem Referendum am Nein der griechischen Zyprioten, während die türkischen Zyprioten einen föderalen Staat befürworteten. Streitpunkte sind v. a. die Rückkehr der Flüchtlinge, die Entschädigungs- bzw. Vermögensfrage und die Entmilitarisierung.

Die engen Gassen der Laikí Geitoniá warten auf Besucher

re Geschichte Zyperns und 2700 Jahre Geschichte Nikosias so anschaulich präsentiert, dass es ein Vergnügen für die ganze Familie ist und Lust auf mehr macht. Neben der ständigen Ausstellung macht das Museum oft mit hervorragend kuratierten Sonderschauen auf sich aufmerksam. Ein Muss.

■ Hippokrátous 15–17, www.leventis museum.org.cy, Di–So 10–16.30 Uhr, Eintritt frei

8 Shakolas Tower
| Aussichtsturm |

13 *Beste Übersicht über die Stadt, mit Blick in den türkischen Teil*

Die schnurgerade Einkaufsstraße Odós Lédras führt geradewegs auf den Checkpoint zu. Vom höchsten Gebäude der Altstadt, dem Shakolas Tower, breitet sich vor dem Betrachter das Panorama der Stadt aus. Nicht zu übersehen ist die riesige türkische Flagge an der Flanke des Kyrenia-Gebirges, daneben der Satz »Ich bin stolz, ein Türke zu sein« – eine Provokation für den Süden.

■ Lédras/Arsinóis, 11. Stock, tgl. 10–18, Winter bis 17 Uhr, Eintritt 2,50 €, Kinder unter 12 Jahren frei

6 Laikí Geitoniá
| Stadtviertel |

Die »volkstümliche Nachbarschaft« ist ein touristisches Konzept von 1977: Innerzyprische Flüchtlinge bauten das lange vernachlässigte Viertel auf und belebten es wieder. Das touristische Angebot ist teilweise angestaubt und kitschig, die engen Gassen sind dennoch einen Besuch wert. Hier befindet sich auch das CTO-Büro.

■ Rund um die Aristokýprou

7 Levéntio Dimotikó Mousío
| Museum |

Die von der Levéntis-Stiftung zusammengetragene Sammlung ist äußerst ansprechend gestaltet. Schon in den ersten drei Räumen werden 9000 Jah-

9 Platía Agías Faneroménis
| Platz |

Mit seinen historischen Kaffeehäusern, einem ehrwürdigen Schulgebäude und der großen Kirche aus dem 19. Jh. bildet der Platz den Mittelpunkt der Altstadt. Ein marmornes Mausoleum an der Ostseite der Kirche birgt die sterblichen Überreste von vier orthodoxen Priestern, die zur Zeit des griechischen Befreiungskampfes als Abschreckung von den osmanischen Behörden hingerichtet wurden. Die umliegenden neoklassizistischen Gebäude gehören der Kirche und sind dadurch vom Abriss verschont geblieben. Die kleine Moschee wurde nach der osmanischen Eroberung über einer mittelalterlichen Kirche errichtet.

🔟 George and Nefeli Giabra Pierides Collection
| Museum |

Wer keine Zeit für den Besuch des Zypern-Museums mitbringt, findet hier eine kleinere, ausgezeichnet präsentierte Privatsammlung mit Funden von der frühen Bronzezeit bis ins 16. Jh. Der Schwerpunkt liegt auf mykenischer Keramik und sog. »Tempeljungen«. Nicht nur Kinder werden ihren Spaß an einem Bildschirm haben, der vorgehaltene Scherben wieder zur kompletten Vase formt.

◼ Im historischen Gebäude der Bank of Cyprus, 1. Stock, Faneroménis 86–90, www.boccf.org, tgl. 10–19 Uhr, Eintritt frei

⓫ Ikía Hadjigeorgáki Kornesíou
| Ethnologisches Museum |

Das schmucke Herrenhaus aus dem 18. Jh. war Residenz des orthodoxen Hadjigeorgáki Kornésios, der als sog. Dragoman ein Bindeglied zwischen Pascha und orthodoxen Untertanen war. Einige Möbel und Einrichtungsgegenstände aus der Zeit sind erhalten.

◼ Patriárchou Grigoríou 20, Di–Fr 9.30–16.30 Uhr, Eintritt 2,50 €

⓬ Städtisches Kunstzentrum
| Veranstaltungsort |

Im ehemaligen E-Werk organisiert das städtische Kunstzentrum NIMAC Ausstellungen zeitgenössischer Kunst und Konzerte. Informationen über die Veranstaltungen gibt es bei der CTO.

◼ Paliás Ilektrikís 19

⓭ Byzantinó Mousío
| Museum |

Das Museum besitzt eine der weltweit größten Ikonensammlungen. Im Anbau werden die berühmten frühchristlichen Mosaike aus der Kirche Panagía Kanakariá, die heute in Nordzypern liegt, präsentiert. Die kostbaren frühchristlichen Mosaike waren nach der türkischen Invasion geraubt worden. Sie fanden ihren Weg zurück nach Zypern, doch leider nicht an ihren angestammten Ort.

◼ Platía Archiepiskópou Kyprianoú, Mo–Fr 9–16, Sa 9–13 Uhr, Eintritt 4 €

⓮ Naós Ágios Ioánnis
| Kathedrale |

Klein wirkt die einschiffige Johanneskathedrale, die auf ein älteres Kloster zurückgeht und im 18. Jh. zur Kathedrale und zum Sitz des Erzbischofs der orthodoxen Kirche Zyperns erklärt wurde. In der Osmanenzeit hatte die orthodoxe Kirche zwar durchaus viele Privilegien, doch durften Kirchen nicht höher als Moscheen gebaut werden. Das Bildprogramm der Kirche zeigt u.a. die Auffindung des Grabes von Apostel Barnabas in Sálamis, der als Beweis für die apostolische Gründung der Kirche Zyperns gilt. In einer Vitrine auf dem Vorplatz sind Limousinen von Erzbischof Makários III. ausgestellt – Geschenke der USA und der BRD an Zyperns ersten Staatspräsidenten.

◼ Platía Archiepiskópou Kyprianoú, Mo–Fr 8–12 und 14–16, Sa 8–12 Uhr

⓯ Ethnographikó Mousío
| Museum |

Das zweigeschossige Haus diente im 14. Jh. als Benediktiner-Kloster und später als erzbischöfliches Palais, bevor Letzteres im Jahr der Unabhängigkeit ein paar Meter weiter in einen Palast im neobyzantinischen Stil zog. Die Gesellschaft für Zypern-Studien hat eine sehenswerte Volkskunde-Sammlung zusammengetragen, die das bäuerliche und handwerkliche Leben anschaulich illustriert, darunter Webstühle, Trachten, Gebrauchskeramik und Stickarbeiten.

■ Neben der Johannes-Kathedrale, Di–Fr 9.30–16, Sa 9–13 Uhr, Eintritt 2 €

16 Famagusta-Tor
| Veranstaltungsort |

Das östliche der drei Stadttore des venezianischen Befestigungswalls dient heute als städtisches Kulturzentrum. Hier finden häufig Konzerte, Vorträge, Ausstellungen und Performances statt. Die CTO informiert über die Veranstaltungen.

■ Leof. Athinón

ADAC *Mittendrin*

Das **Home for Cooperation** initiiert nachhaltige gemeinsame Kulturprojekte zwischen beiden Bevölkerungsgruppen und hat sich jenseits endloser offizieller Wiedervereinigungsgespräche als Think Tank für praktische Annäherung etabliert. Es wurde im Rahmen der Wiederbelebung eines Teils der Pufferzone als interkommunale, gemeinnützige NGO gegründet und 2014 mit dem Preis Europa Nostra ausgezeichnet. Das schöne Café steht jedem Besucher offen. Dies ist der beste Ort, um auf Zypern über Politik zu sprechen. Neugierde ausdrücklich erwünscht!
Márkou Drákou 28, Café Mo–Fr 9–21, Sa 9.30–17 Uhr

17 Panagía Chrysaliniótissa
| Kirche |

Sie gilt als die älteste byzantinische Kirche in Nikosia und soll 1450 von Königin Helena Paläologina gestiftet worden sein. Im linken Seitenschiff rechts der Königstür wird hinter einem Vorhang eine wertvolle Marienikone, die möglicherweise auf das 12. Jh. zurückgeht, bewahrt. Rund um das Gotteshaus ist in den letzten Jahren ein neues Szeneviertel entstanden.

■ Chrysaliniotíssis

18 Center of Visual Arts and Research
| Museum |

Ein neues Kunstzentrum setzt den Akzent auf den Blick von außen: Wie haben fremde Maler, Kupferstecher oder Reiseschriftsteller Zypern gesehen? Die lange Zeit der Fremdherrschaften bietet reichlich Material. Ein Museumsshop ergänzt die Kollektion.

■ Ermoú 285, Sommer Mo–Sa 10–18, Winter Di–So 9.30–16.30 Uhr, Eintritt 5 €, Studenten und Kinder frei

P Parken

Am besten parkt man in den Wallanlagen, z.B. an der Constanza-Bastion (1,50 € für zwei Stunden, jede weitere Stunde 0,50 €). Von dort sind es nur wenige Meter zur Altstadt.

Restaurants

€ | **Ágios Geórgios** Lokale Gerichte wie Schwein mit Taroknolle oder würzige »trachanás«-Suppe aus Milch und Weizenschrot, mitten in der City und zu günstigen Preisen. ■ Platía Dimarchías 27, tgl. mittags, Do–Sa auch abends, Plan S. 62/63 d3

Das Famagusta-Tor war einst Teil der Befestigungsmauer

€ | O Kivotós tou Noé Die »Arche Noah« grillt Souvláki, Seftaliés und Haloúmi auf dem Holzkohlengrill und bäckt im Steinofen Kléftiko – Bauernkost mitten in der City. ◼ Stasínou 25, Tel. 99 41 29 01, Plan S. 62/63 d5

€ | Orféas Ouzerí, Fußballverein, Souvlatzídiko und nette Kneipe in einem! ◼ Athinás 21, Chrysaliniótissa-Viertel, Tel. 22 43 05 24, Plan S. 62/63 e3

€€ | DOT Proppenvoll zum Brunch am Wochenende, beliebt auch zum Dinner für alle, die eine Alternative zum üblichen Tavernenessen suchen. Gern gesehene Gäste sind auch die Spieler des in der ersten Liga spielenden Fußballclubs Olympiakós, der in der oberen Etage angesiedelt ist. ◼ Athinás 6a, Tel. 22 10 12 28, Plan S. 62/63 e3

⑭ **€€ | Inga's Veggie Heaven** Alles selbst gemacht, vegetarisch, gesund und lecker: Brot, Dips, vegetarische Lasagne, Suppen – die Isländerin

Inga kocht göttlich, und ihre beiden Töchter servieren drinnen und im städtischen Kunstwerkerhof. ◼ Chrysaliniótissa Craft Center, Dimonáktos 2, Tel. 22 34 46 74, Di–Sa 9.30– 17.30 Uhr, Plan S. 62/63 e3

€€€ | No Reservations Exquisites Lokal, das frischen Wind in Nikosias Gastro-Szene bringt. Etwas unterkühlte Atmosphäre, aber die Stimmung steigt beim 10- oder 7-Gänge-Degustationsmenü (28 € bzw. 32 €), das alle zwei Wochen wechselt. Reservierung ist – trotz des Namens – empfehlenswert. ◼ Stasínou 16, Tel. 22 37 65 84, www.noreservations restaurant.com, Plan S. 62/63 d5

☕ **Cafés**

Jiajiá Viktoría Bougátsa, Tyrópites, Spanakópites, Galaktoboúreka … süße und herzhafte Teigtaschen vermitteln einen Hauch von Thessaloniki direkt

Im Blickpunkt

Sprachverwirrung

Wenn die Zyprioten unter sich sind, schlackern auch den griechischen Muttersprachlern vom Festland die Ohren. Der Unterschied ist etwa so groß wie zwischen Hochdeutsch und Schweizerdeutsch. Aussprache, Syntax, Grammatik und Lexik können stark variieren und weisen einige Archaismen und zahlreiche Lehnwörter auf. Dem Touristen fallen meist nur die Unterschiede auf der Speisekarte auf: »Tzatzíki« heißt hier »talatoúri«, »dolmadákia«, die gefüllten Weinblätter, nennt man auf Zypern »koupépia«. Die Zyprioten verschmelzen Wörter miteinander und gleichen dies durch ausdrucksvolle Gesten aus. Was Worte nicht ausdrücken, sagen die Hände! Ähnliche Besonderheiten weist übrigens auch der türkisch-zypriotische Dialekt auf, der das Türkische des 16. Jh. bewahrt hat. Der arabisch-zypriotische Dialekt hat sich mit den ersten maronitischen Einwanderern aus Syrien seit dem 9. Jh. entwickelt und steht heute auf der Liste der vom Aussterben bedrohten Sprachen. Alle drei Dialekte sind keine Schriftsprachen. Jetzt verstehen Sie nur noch Bahnhof? Dann versuchen Sie es mit Englisch, das fast jeder Zypriote beherrscht: Die älteren Bewohner sind noch auf die britische Schule gegangen, und die Jüngeren können sich ohnehin problemlos auf Englisch verständigen.

am Grenzwall – der Beweis, dass es lauschige Plätzchen direkt neben Blechkanistern und Sandsäcken geben kann. ■ Lipérti 80–82, Plan S. 62/63 c3

Yfantourgío Buchclub, Treffpunkt, Co-Working-Space, Wohnzimmer … Für 5 € kann man hier den ganzen Tag verbringen. ■ Lefkónos 67–71, tgl. 10–22 Uhr, Plan S. 62/63 d3

Einkaufen

Méres Buchhandlung, Concept Store, Designermöbel – dieser Ort ist ein Genuss für das Auge! Ein junges Architektenpaar hat hier seinen Traum verwirklicht. ■ Pentadaktýlou 33, www.meresmultispace.com, Plan S. 62/63 e3

Períglypta Schönes aus Holz, z.B. handgedrechselte Pfeffermühlen und Schalen aus Limonen- und Olivenholz. ■ Chrysaliniótissa Craft Center, Dimonáktos 2, Mobil 99 55 62 50, Plan S. 62/63 e3

Kneipen, Bars und Clubs

(15) **Kafeneío 11** Mezedákia, Ouzo, die Klänge von Chatzidákis: ein griechisches »stéki« in Nikosia. Freitags und samstags werden live Rembétika gespielt, jeden 2. Donnerstag gibt's eine Jazz-Session. ■ Soútsou/Pireós, tgl. außer Mo 10–24 Uhr, Plan S. 62/63 d3

Pivo In der Mikro-Brauerei wird vor Ort nach dem Reinheitsgebot frisch gebraut. Direkt an der Mauer gelegen, hat sich das Pivo schnell zu einem trendigen Szenelokal entwickelt. ■ Asklipioú, www.pivomicrobrewery.com.cy, Di–So 19–2 Uhr, Plan S. 62/63 d3

Plato's Legendäre Bier- und Whiskeybar, Raucherkneipe mit schönem Innenhof und ausgezeichneten Souvlákia. ■ Plátonos 30, Plan S. 62/63 d4

Lefkoşa – Nikosias türkischer Teil

Leben in politischer Isolation – hier geht alles etwas geruhsamer zu

Beim Passieren des Checkpoints taucht man in eine andere Welt ein. Viele Werbeprospekte preisen diese als »orientalisch-malerisch«. In Wirklichkeit ist die Hauptstadt von »Nordzypern« aufgrund der politischen und wirtschaftlichen Isolation nur wenige Meter abseits der Touristenpfade in weiten Teilen der Altstadt eine traurige Mischung aus Armenvierteln und Off-Licence-Läden, in denen nachgemachte Mobelabels und Alkohol angeboten werden. Doch auch hier entsteht Kreatives, das sich zu entdecken lohnt. Ein halber Tag ist ausreichend, um die wichtigsten Sehenswürdigkeiten zu erkunden. Die Entfernungen sind so kurz, dass man keine Verkehrsmittel benötigt – Nord-Nikosia entdeckt man am besten zu Fuß.

Jenseits der »Green Line«, in Lefkoşa

 Sehenswert

 Checkpoint Ledra Palace
| **Grenzübergang** |

 Hier breitete einst Nikosia Staatsgästen den roten Teppich aus

Das ehemals luxuriöseste Hotel Zyperns ist seit der türkischen Invasion Sitz der UNO-Friedenstruppe UNFICYP (United Nations Peacekeeping Force in Cyprus) und ziemlich heruntergekommen. Es liegt seither in der Pufferzone. Gleich nebenan ist das Goethe-Institut das einzige deutsche Kulturinstitut der Welt, das im Niemandsland liegt – ein symbolträchtiger und äußerst passender Ort, denn natürlich werden mittels Kultur immer Grenzen überschritten. Die Sprachkurse sind für die Bewohner des Süd- und Nordteils der Insel offen, und lange vor der Grenzöffnung ermöglichte das Goethe-Institut Begegnungen zwischen den Volksgruppen. Heute sind 10 % der Sprachkursteilnehmer türkische Zypri-

oten. Das Haus selbst könnte auch gut in den Schwarzwald passen mit seiner Holzornamentik im Inneren und den vielen Giebeln. Bougainvilleen und Palmen verweisen auf Idylle, doch die will angesichts der vielen Einschusslöcher an den umliegenden Bauruinen, die an den Krieg 1974 erinnern, nicht aufkommen.

■ Márkou Drákou 21

20 Girne Kapısı
| Stadttor |

Das nach Norden, Richtung Kyrenia (Girne) ausgerichtete Tor, einst die venezianische Porta del Provveditore, war Teil der massiven Renaissancefestung und wurde erst von den Engländern von zwei Seiten für den Autoverkehr umfunktioniert. Es ist heute das zentrale Eingangstor in den Innenring Nord-Nikosias.

21 Mevlevi Tekke Müzesi
| Museum |

Die Anfänge des Mevlevi-Ordens reichen zurück ins 13. Jh. Er verband christliche, antike und islamische Elemente, war liberal und tolerant eingestellt. 400 Jahre später gründeten seine Anhänger auch auf Zypern ein »Tekke« (Kloster). Bekannt ist der Orden für den »Sema« genannten Tanz der Derwische. Im Zug der Säkularisierung wurde der Orden unter Atatürk in der Türkei verboten, blieb jedoch auf Zypern bis 1954 geduldet. Das Museum umfasst Gräber von Derwischen, Fotos und Erklärungen zu diesem sakralen Ort. Im Bedesten (S. 77) werden täglich Tänze nach dem alten Ritus und mit einer Einleitung in englischer Sprache vorgeführt.

■ Girne Caddesi, Mo–Fr 8–15.30 Uhr, Eintritt 7 TL

Das Girne Kapısı, Haupteingangstor in den türkischen Teil der Altstadt Nikosias

22 Dr. Fazil Küçük Müzesi
| Museum |

Der 1906 in Nikosia geborene Arzt Fazil Küçük war eine der politischen Leitfiguren der türkischen Zyprioten. Er nahm 1959 als Vertreter seiner Volksgruppe an den Gesprächen zwischen der Türkei, Griechenland und Großbritannien teil, die in die Unabhängigkeit Zyperns mündeten, und wurde der erste Vizepräsident der jungen Republik. In seinem Vaterhaus sind Teile seiner Arztpraxis und Privaträume zu besichtigen. Alles ist vorbildlich auch auf Englisch erläutert. Beim Staatsbesuch in Berlin 1963 überreichte Willy Brandt Küçük eine blaue Vase mit Berliner Wappen, die heute zu den Schätzen der sehenswerten Ausstellung gehört.
■ Girne Caddesi, Mo, Di, Mi, Fr 8–15.30, Do 8–13 und 14–18 (Winter bis 17 Uhr), Eintritt frei

23 Tekke Bahçesi Şehitliği
| Friedhof |

Im Block hinter dem Fazil Küçük Museum liegt ein sog. Märtyrerfriedhof, auf dem meist sehr junge Gefallene der türkischen Invasion sowie Opfer der bürgerkriegsähnlichen Auseinandersetzungen bestattet sind.
■ İbrahim Paşa Mh, Tor immer zu öffnen

24 Samanbahçe-Viertel
| Wohnviertel |

Es handelt sich um ein städtebaulich interessantes soziales Wohnprojekt vom Beginn des 20. Jh. Um einen Brunnen gruppieren sich 70 Einheitshäuser mit je 82 m² Wohnfläche inklusive kleinem Hof. Die Lehmwände halten im Sommer die Hitze und im Winter die Kälte ab. Die weißen Häuser sind nach wie vor bewohnt und sehr gepflegt.
■ Westlich der Girne Caddesi

ADAC Mobil

Bei **CABs – Cyclists across barriers** findet man ein großes Angebot an Leih-Zweirädern, auch für Rollstuhlfahrer. Besonders lohnend sind die geführten Touren des Teams, das das Fahrrad auch als sinnvolle Alternative in einer autodominierten Gesellschaft versteht. Die Touren überqueren mehrmals die Grenze und vermitteln jede Menge Insider-Wissen. Perfekt auch für Familien.
Márkou Drákou 17 (am Checkpoint Ledra Palace), Mobil 99585497, 20 € für eine 3-stündige Tour

25 Atatürk Meydani
| Platz |

Der zentrale Platz von Nord-Nikosia ist wenig mehr als ein kleiner Verkehrsknotenpunkt vor Kolonialbauten rund um eine ursprünglich wohl ägyptische Säule, die die Venezianer nach der Eroberung der Insel 1489 von Sálamis nach Nikosia brachten. Statt des Markuslöwen krönt heute eine kupferne Weltkugel die Säule.

26 Arabahmet-Viertel
| Wohnviertel |

Das nach dem Gouverneur Ahmet Pascha benannte Wohnviertel aus dem 16. Jh. bietet sich für Streifzüge außerhalb der Touristenpfade an. Zu entdecken sind teils renovierte, teils desolat verfallene, teils bröckelnde Altbauten mit Erkern in wiederbelebten Gassen. In das Viertel sind vorwiegend anatolische Siedler vom Festland gezogen. Wie von einem anderen Planeten wirkt die schmucke American University of Cyprus, die seit 2014 in einem

ADAC *Mittendrin*

Die Osmanen bauten die ehemalige katholische St. Georgenkirche aus dem 14. Jh. in ein **türkisches Dampfbad** um. Das einstige Westportal, unter dem heutigen Bodenniveau gelegen, ist der Haupteingang zum Büyük Hamam. Bei Einheimischen wie Fremden beliebt ist die Seifenmassage.
Iran Bey Sokak 9, Tel +90 54 88 30 08 81, Eintritt 50 TL, Anwendungen/Massage ab 100 TL

schönen Altbau eine der zahlreichen Privatuniversitäten Nordzyperns betreibt. Nordzypern hat in den letzten Jahren Investoren v.a. für Privathochschulen angeworben, die auf eine betuchte Klientel aus dem Nahen Osten an einem friedlichen Ort setzen.
■ Südl. der Arabahmet-Moschee

Derviş Paşa Müzesi
| Museum |
Im schmucken Privathaus des Verlegers der ersten zyprischen türkischsprachigen Zeitung »Zamam« aus dem frühen 19. Jh. sind Trachten, Möbel und Einrichtungsgegenständen aus der osmanischen und britischen Zeit ausgestellt. Das von außen wenig anziehende Haus gewinnt im Inneren durch den großen Hof.
■ Beliğ Paşa Sokak, 8–12.30, 13–16.15, Do bis 17.30 Uhr, Eintritt 7 TL

Armenische Kirche
| Kirche |
Bis 1963 war das Viertel v.a. auch von Armeniern bewohnt, die aufgrund ihres christlich-orthodoxen Glaubens als griechenfreundlich galten und daher während der ersten blutigen Konfrontationen zwischen den beiden Volksgruppen von der türkischen Seite vertrieben wurden. Ihre Kultstätte, einst ein Benediktinerkloster aus fränkischer Zeit, verfiel und wird erst jetzt mit Unterstützung der Vereinten Nationen sorgfältig restauriert. Doch werden die Armenier wieder zurückkehren?
■ Salahi Mehmet Hüseyin Sokak

Büyük Han und Kumarcilar Han
| ehemalige Karawansereien |
Die beiden Karawansereien aus dem 16. und 17. Jh. sind heute eine große Attraktion in Nord-Nikosia. Nach jahrelangem Verfall sind sie sorgfältig restauriert worden. An Stelle von Händlern mit ihren Kamelen ruhen nun Touristen in den zahlreichen Cafés und Restaurants. Die große Karawanserei wurde gleich im zweiten Jahr der osmanischen Eroberung (1572) errichtet und diente unter den Briten zeitweise als Gefängnis. Im Zentrum des quadratischen Hofes steht eine Mini-Moschee auf Säulen, darunter befindet sich der Brunnen für die rituelle Reinigung. Vom oberen Stockwerk gewinnt man einen sehr guten Überblick.
■ Asmaaltı Sokak

Selimiye Cami
| Moschee |
Von beiden Seiten der geteilten Stadt ist das Gotteshaus nicht zu übersehen. Ihre kunstgeschichtliche Bedeutung erwarb die Moschee jedoch nicht in der osmanischen Zeit, sondern als Sainte-Sophie, zweite Krönungskirche (neben Famagusta) des fränkischen Geschlechts der Lusignan, die dieses gotische Bauwerk nach dem Vorbild der Kathedralen Frankreichs ab 1209 errichteten. Als die Osmanen die Stadt

im 16. Jh. eroberten, entfernten sie minutiös alle Skulpturen der drei großen Westportale, Fenster sowie Innendekoration und setzten den Türmen schlanke Minarette auf. Der Name der Moschee rührt von Selimiye II., dem Sultan zur Zeit der Eroberung Zyperns. Da die christliche Kirche natürlich nach Jerusalem ausgerichtet war, mussten Mihrab, Minbar und Teppiche Richtung Mekka quergelegt werden. Das Innere ist schlicht und in Weiß gehalten. Leider bedeckt der Teppich noch erhaltene mittelalterliche Grabsteine.

■ Kuyumcular Sokak, außerhalb der Gebetszeiten für Besucher zugänglich

Bedesten
| ehemalige Kirche |
Der heutige Konzert- und Veranstaltungsort hat eine bewegte Geschichte: Den Anfang machte eine byzantinische Kirche, die zuerst zur katholischen Nikolauskathedrale der Lusignan und dann unter den Venezianern wieder orthodox wurde. Die Osmanen verwandelten das Gotteshaus in eine Markthalle. Das prächtige gotische Gebäude wird für verschiedene Veranstaltungen genutzt, auch für Vorführungen der »tanzenden Derwische«.

■ Kuyumcular Sokak, Eintritt frei, Mo–Sa nachmittags 30-minütige Tanzvorstellungen, Eintritt 22 TL

Gefällt Ihnen das?

Sie finden die Geschichte der Selimiye Cami faszinierend? Dann besuchen Sie doch in Famagusta die ehemalige **Nikolauskathedrale** (S. 114) oder die frühere **Peter-und-Paul-Kirche** (S. 114), deren Kirchtürme ebenfalls gegen Minarette getauscht wurden.

Im Büyük Han beeindruckt der sorgfältig restaurierte Innenhof

Lapidarium
| Museum |
In einem herrlichen venezianischen Stadtpalais wurden Steinmetz-Arbeiten, Grabplatten und Kapitelle aus ganz Zypern zusammengetragen. Besonders beeindruckend ist das grazile riesige gotische Fenster aus dem zerstörten Gouverneurspalast.

■ Zühtüzade Sokak, 8–15.30 Uhr, Sa und So geschl., Eintritt 7 TL

Restaurants

€€ | **Saraba** Mit den ersten Sonnenstrahlen sitzt man am Südostende der Selimiye-Moschee draußen – bei solider Hausfrauenküche und freundlichem Service. ■ Selimiye Cami Avlusu 35, nur mittags, Tel. +90 39 22 28 93 45, Plan S. 62/63 d2

Cafés

Hoi Polloí Frei nach Sokrates bedeutet der Name »Krethi und Plethi«, aber die sitzen hier bestimmt nicht! Cooler Treff. ■ Arasta Sokak, westl. vom Büyük Han, Plan S. S. 62/63 c3

 Kinder

Near East University Car Museum Für größere Kinder (und Große) ein Geheimtipp: über 100 Automodelle aus aller Welt, Raritäten wie der Hillman Hunter 1967, ein Jaguar XK 120 oder ein 1903 Wolseley. ■ Near East Boulevard, an der Schnellstraße zwischen Nikosia und Girne, Tel. +90 392 223 64 64

 Einkaufen

Özerlat Frisch gerösteten Kaffee gibt's seit 1932 bei Özerlat, außerdem süße Verführungen. ■ Arasta Sokak 73a, Plan S. 62/63 d3

 Kneipen, Bars und Clubs

Barrica Hier trifft sich Nord-Nikosias Avantgarde. Pub und Bar in einem. ■ Selimiye Sokak, Plan S. 62/63 d2

Imagine Kreuzberg-Atmosphäre im Hinterhof nahe beim Checkpoint Ledra-Straße. Dazu Reggaemusik, bunte Stühle und Hängematten. Der perfekte Chill Out. ■ Iplik Pazarı, Şht. Mustafa Cemal Sokak 2, Plan S. 62/63 c2

 In der Umgebung

Ágios Barnábas kai Hilaíron
| Kirche |

Mit ihren fünf Kuppeln ist die byzantinische Kirche aus dem 10. Jh. eine architektonische Besonderheit auf Zypern und ähnelt der Agía Paraskeví in Geroskipoú (S. 25). Leider sind die meisten Wandmalereien verschwunden, umso beeindruckender ist die Ikonostase aus dem 16. Jh. Die Moschee neben der Kirche zeugt von der früheren Gemeinschaft türkischer und griechischer Zyprioten im Dorf. Das Motiv schmückte einst den 5-£-Schein der Republik Zypern.

■ Peristeróna, 27 km westl. von Nikosia Richtung Tróodos

21 Südlich von Nikosia

Südlich der Hauptstadt stößt man auf die ältesten Stadtkönigtümer der Insel

Südlich von Nikosia brennt die Sonne unerbittlich in der Mesaória-Ebene, die sich zwischen dem Tróodos und dem Pentadáktylos ausbreitet. Im Sommer steigen die Temperaturen weit über 40 °C, und an jedem Wochenende fliehen die Bewohner an die Küste. Nur wenige Touristen erkunden das Gebiet, das dennoch einige wichtige Grabungsorte auf der Kupferroute der Antike aufweist.

 Sehenswert

Ágioi Apóstoloi
| Kirche |

Die von außen wenig auffällige Apostelkirche ist ein byzantinisches Kleinod: Ihre im klassisch-höfischen Stil gehaltenen Fresken, datiert auf die Zeit 1160–1180, sind älter als die der Panagía tou Araká (S. 54). Die Kirche steht auf dem alten Friedhof von Péra Chorió, ca. 18 km südlich von Nikosia.

■ Péra Chorió, Schlüssel zur Kapelle im Haus an der Odós Dódeka Apostólon 12

Diese Köpfe aus Idálion sind den Grabräubern nicht in die Hände gefallen

Idálion

| Ausgrabung und Museum|

Von dem einst bedeutenden Stadtkönigtum Idálion, welches schon lange vor der Besiedlung durch achäische Griechen existierte und an der Kupferstraße Zyperns lag, ist wenig erhalten. Der deutsche Archäologe Ohnefalsch-Richter hatte hier gegraben, und der amerikanische Konsul und Grabräuber Luigi Palma di Cesnola rühmte sich, Tausende von Gräbern der eisenzeitlichen Stadt geborgen oder besser: geraubt zu haben. Schwedische Archäologen gruben seit Ende der 20er-Jahre einen großen Teil einer auch heute noch beeindruckenden Palastmauer aus und konnten sechs Bauphasen in der Antike seit 1200 v.Chr. ausmachen. Als gesichert gilt die Existenz eines Aphrodite-Heiligtums. Heute schlummert ein Teil des Ausgrabungsareals in der Pufferzone. Ein Hinweisschild verweist auf den zugänglichen Teil der Akropolis. Ein kleines, modernes Museum stellt auf Zypern verbliebene Funde von Idálion aus und erklärt anschaulich die Bedeutung der antiken Stätte.

■ Dáli, 4 km nordöstlich von Péra Chorió, Tel. 22 44 48 18, Mo–Fr 8.30–16 Uhr, an Feiertagen geschl., Eintritt 2,50 €

Tamassós

| Ausgrabung |

In der Antike war das Stadtkönigtum Temesse für die Produktion und den Export von Kupfer berühmt und fand auch in der Odyssee Erwähnung. Seit den 1970er-Jahren haben deutsche Archäologen ein Aphrodite-Heiligtum nachgewiesen. Ein bronzener Apollokopf ist heute im British Museum, sechs große Sphinx- und Löwenskulpturen im archäologischen Museum von Nikosia zu sehen. Die Ausgrabung ist vor allem wegen der sog. Königsgräber aus dem 6. vorchristlichen Jh. sehenswert, kunstvoll in den Felsen gehauene Gräber, deren Steine wie in Ägypten Holz imitierten.

■ 20 km südwestl. von Nikosia beim Dorf Politikó, Sommer 9.30–17, Winter 8.30–16 Uhr, Eintritt 2,50 €

22 Monastíri Machairá

Malerisch gelegenes Kloster mit politischen Ambitionen

Auf 880 m Höhe erhebt sich das im 12. Jh. gegründete und im 19. Jh. erneuerte Kloster. Sein Name rührt von einer wundertätigen Ikone in der Klosterkirche: Zwei frommen Wanderern war es mithilfe eines »göttlichen Messers« (griech. »machaíri«) gelungen, eine im Wald versteckte und zugewachsene Ikone aufzufinden. Als Schlupfwinkel diente die einsame Gegend auch dem zweiten Mann der EOKA, Grigóris Afxentíou, der nach bitterem Widerstand von den Briten 1957 in einer Höhle ca. 1 km unterhalb des Klosters regelrecht ausgeräuchert wurde. Das Kloster Machaíra beherbergte während des EOKA-Aufstandes viele Kämpfer, was einmal mehr die enge Verflechtung von Kirche und Politik zeigt.

■ 40 km westl. von Nikosia, tgl. 8–18 Uhr

 In der Umgebung

Fikárdou
| Dorf |

Hier ist die Zeit stehen geblieben: Mit seinen alten Stein- und Lehmziegelhäusern aus dem 18. Jh. und dem Kopfsteinpflaster wirkt das fast ausgestorbene, abgelegene Dorf museal, und in gewisser Hinsicht ist es das auch. 1978 wurde der ganze Ort zum Nationaldenkmal erklärt und seither konserviert. Das Volkskundemuseum im Haus des Katsinióros aus dem 16. Jh. zeigt exemplarisch das frühere Leben der Landbewohner.

■ Volkskundemuseum tgl. 9.30–17, Winter 8.30–16 Uhr, Eintritt 1,70 €

Yiannákos
| Restaurant |

€€ | Rustikale zypriotische Taverne mit üppigem Mezé, freitags Kléftiko. Von der Terrasse fällt der Blick auf die Häuser von Fikárdou. ■ Hauptstraße, Mo–Do 9.30–19, Fr bis nachts, Sa, So bis 21 Uhr

Das Monastíri Machairá spielt eine bedeutende Rolle in der Geschichte Zyperns

Übernachten

Da viele Geschäftsleute in Nikosia (aber außerhalb der Festungsmauern) übernachten, ist eine rechtzeitige Reservierung sinnvoll. Die Hotelpreise liegen deutlich unter dem Durchschnitt Zyperns. Mehr Komfort bieten die Business-Hotels der üblichen Ketten, die aber jenseits des für Touristen interessanten Teils liegen.

Nikosias griechischer Teil 64

€ | **Arsinoe Guesthouse** Charmantes Altstadthostel mit Hof und Dachterrasse, auch für Selbstversorger ideal. Die Besitzerinnen kümmern sich liebevoll um jeden Gast. Nur vier Zimmer mit Gemeinschaftsbad. ■ Arsinóis 5, Mobil 99 51 04 75, www.facebook. com/ArsinoeNicosiaGuesthouse

€ | **Averof** In einem Wohnviertel mit Gärten gelegenes Hotel aus der Kolonialzeit. Etwas angestaubter Charme, doch sehr freundlicher Service. Einfache Zimmer. Ca. 15 Minuten Fußweg in die Innenstadt. Günstigste Variante für einen längeren Aufenthalt. ■ Averof 19, Ágios Andréas, Tel. 22 77 34 47, www.averof.com.cy

€–€€ | **Centrum Hotel** Modernes Hotel in Top-Lage in der Laikí Geitoniá. Ausgezeichnete Betten und fantastisches Frühstück, rundum zu empfehlen. ■ Pasikrátous 15, Tel. 22 45 64 44, www. centrumhotelcyprus.com

Nikosias türkischer Teil 73

€€€ | **Bastion Inn** Es gab eine Zeit, da Altbauten in Nikosia Gärten mit Palmen, Zitrusfrüchten und Jasmin besaßen. Das 2017 vorbildlich restaurierte alte Steinhaus mit den drei geschmackvoll eingerichteten Zimmern

entführt seine Gäste zurück in diese Zeit. Günstig im Arabahmet-Viertel gelegen. ■ Şht. Salahi Şevket Sokak 67, Tel. +90 392 227 21 17, www.bastioninn. com

Südlich von Nikosia 78

(16) €€ | **Lýhnos** Entschleunigung pur und einen Hauch von Luxus bietet dieses komfortable, 200 Jahre alte Haus in Panoramalage. Vier großzügige Suiten mit Kamin. Dazu ein hervorragendes Frühstück und eine gute Taverne – ein Traum. ■ Askás, Michaíl Koutsófta 1, Tel. 22 64 26 41, www.lyhnos.com

Beim Kloster Machairá 80

€ | **Danai Village House** Wohnen auf dem Land im Ferienhaus. Die Steinhäuser bieten bis zu drei Schlafzimmer und liegen fantastisch am Hang. ■ Palaichóri, Makaríou III 4, Tel. 22 38 54 74

€ | **Hadjikyprianoú Museum Studio** Originelle Unterkunft in einem 300 Jahre alten Steinhaus mitten in der Natur. Vermieter Kóstas betreibt im selben Haus ein kleines Heimatmuseum. ■ Lazaniás, Mobil 99 43 92 72, www. facebook.com/CostasKouloumis

Der Südosten: Lárnaka und das Kap Gréko

Der flache Küstenabschnitt ist bei Strandurlaubern wie bei Kultur-reisenden gleichermaßen beliebt

Lárnaka ist mit seinem internationalen Flughafen das wichtigste Einfallstor für Zypern und Drehkreuz zwischen der Arabischen Halbinsel, dem Nahen Osten und Europa. Von hier ist es nicht weit zu den schönsten Stränden mit feinem hellen Sand im Südosten der Insel. Die drittgrößte Stadt Zyperns punktet mit dem privaten Pierídes-Museum, neuen Galerien und einer belebten Palmenpromenade am Meer. Mehrere Orte dieser Region wurden in die Liste der zu schützenden Kultur-denkmäler der UNESCO aufgenom-men, so die Steinzeitsiedlung Choi-rokitía und die frühbyzantinische Kreuzkuppelkirche Panagía Angeló-ktisti in Kíti. Im Hinterland locken schö-ne Dörfer wie Léfkara mit traditioneller Handarbeit, und das östlichste Kap ist ein Eldorado für Spaziergänger und Schwimmer. Wer buntes Treiben nicht scheut, ist gut in Agía Nápa aufgeho-ben, dem Mallorca des östlichen Mit-telmeeres, wo die Nacht zum Tag wird und in der Saison die heißesten Partys gefeiert werden.

In diesem Kapitel:

ADAC Empfehlungen:

17 Mousío Pierídes, Lárnaka
| Museum |
Klein, aber vom Feinsten: zyprische Gebrauchsgegenstände, Artefakte und Kunsthandwerk von der Kupfer-steinzeit bis ins 20. Jh. 85

18 Archontikó, Lárnaka
| Restaurant |
Einmal nach Herzenslust Mezé schlemmen im stilvollen Haus an der Palmenpromenade. 89

19 Küstenwanderung, Kap Gréko
| Spaziergang |
Hier endet Europa – und der Euro-päische Fernwanderweg E 4. Den Küstenspaziergang schaffen auch Ungeübte und Familien. 95

23 Lárnaka

Haupteingangstor für Zypern, ein Ort zum Flanieren

Auch in der Metropole Lárnaka schaukeln noch Fischerboote im Hafen

ℹ Information

■ CTO: Platía Vassiléos Pávlou, Tel. 24 65 43 22, www.larnakaregion.com
■ Parken siehe S. 89

Die mit 80 000 Einwohnern drittgrößte Stadt der Republik Zypern war in der Antike Hauptstadt des eisenzeitlichen Königreiches Kition, welches sich nördlich des heutigen Stadtzentrums erstreckte. Wie andere zyprische Orte auch lebte Kition vor allem vom Handel mit Kupfer. Im 9. Jh. v. Chr. eroberten Phönizier aus dem heutigen Nahen Osten die Stadt und forcierten weiterhin den Export des wertvollen Rohstoffes. In hellenistischer Zeit endete die antike Blütezeit der Stadt.

Erst im Mittelalter entwickelte sich wieder ein reger Handel, diesmal mit kostbarem Salz, das im Norden Europas großen Absatz fand. Die Franken nannten den Ort dementsprechend Salines. Nachdem Famagusta von den Genuesen erobert worden war, wurde Lárnakas Hafen zur letzten Station christlicher Pilger auf dem Weg ins Heilige Land. 1570 organisierten die Osmanen von hier aus den Angriff auf Nikosia. Mit den Briten begann der Abstieg zu einer Provinzstadt, was sich

Plan
S. 87

non. Bis heute ist die Nähe zum Nahen Osten in Lárnaka stärker als in anderen Städten Zyperns spürbar. Viele Israelis kommen gern über das Wochenende zur Erholung in die Küstenstadt (oder buchen säkulare Hochzeitsarrangements), und die libanesischen Kebab-Läden sind legendär.

Sehenswert

① Mousío Pierídes
| Museum |

 Die bedeutendste private Antikensammlung Zyperns

In vier Räumen werden Kunst und Gebrauchsgegenstände vom Neolithikum (Steine und Mörser) bis ins 20. Jh. (Stickereien) ausgestellt. Herausragend ist die mit 36 cm größte menschliche Figur der Kupfersteinzeit (ab ca. 3900 v. Chr.), die je gefunden wurde. Sie stellt einen sichtlich erregten Mann mit ungewöhnlich großen Füßen und offenem Mund dar. Bunte Lotusblüten und geometrische Motive dekorieren die Keramik aus archaischer Zeit (8. Jh. v. Chr.). Erstaunlich unversehrte Glasgefäße wie Parfümfläschchen, Teller und ein grüner geblasener Fisch sind aus römischer Zeit erhalten. Das Mittelalter ist mit glasier-

erst nach der türkischen Invasion 1974 änderte: Aufgrund der geografischen Nähe nahm Lárnaka besonders viele griechisch-zypriotische Flüchtlinge aus Famagusta auf (ca. 40 000), verlor hingegen seine türkisch-zypriotische Bevölkerung und erarbeitete einen Plan zur touristischen Erschließung, im Rahmen dessen auch der internationale Flughafen entstand. Ein ungehemmter Bauboom setzte ein, der erst in den letzten Jahren durch die Renovierung denkmalgeschützter Bauten ansatzweise korrigiert wird. Zu den fliehenden Landsleuten gesellten sich Bürgerkriegsflüchtlinge aus dem Liba-

ADAC *Spartipp*

Die CTO bietet regelmäßig **kostenlose Führungen** und **Exkursionen** mit lizenzierten Guides an. Das Angebot richtet sich an Hotelgäste, die Anmeldung erfolgt über das Hotel.

Im Blickpunkt

Von Diplomaten und Kunsträubern

Seit osmanischer Zeit wurden in Lárnaka Konsulate eingerichtet. Der nach Zypern entsandte Luigi Palma di Cesnola, ein amerikanischer Diplomat italienischen Ursprungs, betätigte sich ab 1865 als Hobbyarchäologe und ging als einer der größten Kunsträuber in die Geschichte der Insel ein: Er verkaufte seine umfangreiche Sammlung an das neu gegründete Metropolitan Museum in New York, welches ihn später zum Direktor ernannte. Sein Zeitgenosse Dimítris Pierídes bewies, dass es auch anders ging: Er sammelte bewusst, um den Ausverkauf von antiken Funden zu verhindern. Seine Sammlung bildet den Grundstock einer beeindruckenden Ausstellung, die von seinen Nachfolgern bis heute gepflegt wird.

ter Gebrauchskeramik vertreten. Unter den Karten ragt die Tabula Quarta Asiae von Claudius Ptolemaeus (Wien 1541) heraus, auf der Zyperns Silhouette einem großen Tintenklecks gleicht. Im Treppenhaus hängt eine 1911 von Theodóra Pierídi aus feinster Leinenspitze gehäkelte, 2,80 m × 2,80 m große filigrane Bettdecke.

■ Zínonos Kitiéos 4, Tel. 24 81 45 55, Mo–Do 9–16, Fr und Sa 9–13 Uhr, So geschl., 3 €, erm. 1 €

❷ Finikoúdes

| Strandpromenade |

Die von Palmen (griech. »fínikas«) gesäumte Promenade am Stadtstrand ist Lárnakas Schmuckstück und Flaniermeile. Zwar dominieren protzige Betonklötze aus den 80er- und 90er-Jahren, doch langsam setzt ein Umdenken ein. So wurden z.B. die alten Speicherhallen am östlichen Ende in ein Kulturzentrum verwandelt. Am Europa-Platz steht die Bronzestatue des wichtigsten Sohnes der Stadt: Der 335 v. Chr. geborene Zenon gilt als Begründer der stoischen Philosophie und machte in Athen Karriere. Am Beachvolleyplatz wurde 2006 ein auffälliges Denkmal zur Erinnerung an den Völkermord an den Armeniern eingeweiht. Es steht an jener Stelle, wo die ersten armenischen Flüchtlinge 1915 Zypern betraten und ist Ausdruck der Dankbarkeit für ihre Aufnahme und gelungene Integration. Gegenüber vom Hotel Les Palmiers erinnert die Marmorbüste des Feldherrn Kimon an jenen Athener, der nach dem glänzenden Seesieg von Salamis 449 v. Chr. die Stadt Kition/Lárnaka belagerte. Was auf der Stele verschwiegen wird: Kition hatte sich damals auf die Seite der Perser geschlagen.

3 Ágios Lázaros
| Kirche |

Der heutige Name Lárnakas geht zurück auf einen von Archäologen genutzten Begriff für »Sarg« (griech. »larnax«, kleine Kiste) und verweist auf die leere Grablege des Lazarus (siehe rechts). Als die sterblichen Überreste des Heiligen im 9. Jh. entdeckt und nach Konstantinopel gebracht wurden, errichtete man an der Stelle eine Mehrkuppelkirche. Der auffällige Glockenturm stammt aus der späten osmanischen Epoche. Bis ins 19. Jh. waren den Christen keine hohen Kirchtürme gestattet, denn sie hätten mit den Minaretten konkurrieren können. Das Innere der Kirche beeindruckt durch die aufwändig geschnitzte Bilderwand aus dem 18. Jh. und riesige vergoldete Lüster, die einen schönen Kontrast zu den ansonsten kahlen Steinwänden bilden. In der Krypta wird das leere

Grab des Lazarus mit der Aufschrift »Freund Christi« verehrt und in einem silbernen Sarkophag im Kirchenschiff sein Schädel. Weitere Reliquien des Heiligen befinden sich nach dem Raubzug der Kreuzfahrer in Byzanz heute in Autun/Burgund.

■ Platía Agíou Lazárou, Mo–Sa 8–12.30 und 14.30–18.30, Winter bis 17.30 Uhr, So durchgehend geöffnet

ADAC *Wussten Sie schon?*

Lazarus von Bethanien wurde nach seinem Tod im Heiligen Land begraben und von Christus wieder auferweckt (Johannes 11). Er kam nach Kition/Lárnaka und wurde dort von Paulus und Barnabas als Bischof eingesetzt. Nach seinem Tod fand er seine Ruhestätte dort, wo heute die Kirche Ágios Lázaros steht.

4 Kimitírio
| Friedhof |

Durch ein immer zu öffnendes Gatter hinter der Lazarus-Kirche gelangt man zu einigen Grabmälern aus dem 17. bis 19. Jh. Hier ruhen englische, amerikanische, deutsche Seefahrer, Kaufleute, Konsulatsangehörige und Pfarrer. Die meisten sind fern der Heimat an Epidemien erkrankt und jung gestorben.

■ Platía Agíou Lazárou, neben der Kirche des hl. Lazarus

5 Mousío Agíou Lazárou
| Museum |

Im ehemaligen Pilgerteil der früheren Klosteranlage werden in einer herausragenden Sammlung liturgische Gegenstände aus dem 16. Jh., Bibeln, Evangelien und Ikonen aus der Lazaruskirche ausgestellt.

■ Platía Agíou Lazárou, www.agioslazaros.org.cy, Mo–Sa 8.30–12.30, Mo, Di, Do und Fr auch 15–17.30 (Sommer 16–18.30 Uhr), Eintritt frei

6 Kástro
| Kastell |

Das osmanische Hafenkastell wurde 1625 auf einem venezianischen Vorgängerbau zur Verteidigung der Stadt und Beobachtung ein- und auslaufender Schiffe errichtet. In britischer Zeit diente es als Gefängnis, später als Polizeistation. Die schauerliche Hinrichtungsstelle aus der Kolonialzeit zeigt auf drastische Weise, wie das Law-and-Order-Prinzip durchgesetzt wurde. Die letzte Hinrichtung fand 1945 statt. Vom Wehrgang fällt der Blick auf das ehemalige Türkenviertel sowie über die Küste. Im Hof sind einige Kanonen ausgestellt, u.a. von Krupp, die den osmanischen Verbündeten vor den Balkankriegen und dem Ersten Weltkrieg ausgeliefert wurden. In der oberen Etage thematisieren Fotos und Wappen vorwiegend die fränkische Epoche.

■ Leofóros Athinón, Tel. 24 30 45 76, Mo–Fr 8–19.30, Winter bis 17, Sa und So 9.30–17 Uhr

Die Mauern des Hafenkastells wirken noch heute stark und wehrhaft

Tzamí Kebir
| Moschee |

Die einstige katholische Kirche aus dem 14. Jh. dient vorwiegend muslimischen Geschäftsleuten und Touristen als Moschee. Die Gemeinde wird vom einzigen von der Republik Zypern angestellten Imam betreut, der sich auch um seine Glaubensbrüder in Nikosia und Limassol kümmert. Hier beginnt das einstige Türkenviertel, erkennbar an den einfachen, niedrigen Häusern.

■ Neben dem Kastell; unregelmäßige Öffnungszeiten, Fr und zwischen 12.30 und 14.30 Uhr meist geschl., lange Hosen für Männer und ein Umhang inkl. Kopfbedeckung für Frauen sind Pflicht

 Archäologisches Museum
| Museum |

Das kleine Museum umfasst v.a. bedeutende Funde aus den jungsteinzeitlichen Siedlungen Choirokitía und Ténta und mykenische Keramik. Dass es den Zyprioten auch in der Antike kalt werden konnte, beweisen Fußwärmer aus Terrakotta. Im Hof Monumentalskulpturen und eine rekonstruierte Olivenpresse, wie sie vom 2. Jh. v. Chr. bis ins 20. Jh. in Gebrauch war. Der Blick fällt über einen Zaun auf das südliche Ausgrabungsgebiet des antiken Kition, das nur für Spezialisten interessant ist.

■ Platía Kalograión, Mo–Fr 8–16, Sa 9–16 Uhr, Eintritt 2,50 €

 Parken

In der Nähe der Lazarus-Kathedrale befindet sich das **Parkhaus** Lois Parking, die Einfahrt liegt an der Kosmá Lyssióti (3 Stunden 3,40 €). Alternativ kann man das Auto auf dem bewachten **Parkplatz** in der Agíou Lazárou 60 für 2 €/Tag abstellen.

 Restaurants

€ | **Vláchos Tavern** Einfache, authentische Familientaverne mit Grill-Spezialitäten und Mezé. Östlich von Lárnaka ca. zehn Fußminuten vom Palm Beach Hotel. ■ Kantáras 10, Tel. 24 64 42 44

(18) €€ | **Archontikó** Die stattliche Villa von 1850 wurde 2017 in ein Restaurant umgewandelt. Mit seinem schönen Interieur ist das Archontikó (Herrenhaus) das neue Juwel in Lárnakas Gastroszene. Mezé für 18,50 €. ■ Athinón 24 (Finikoúdes), Tel. 24 62 41 41, Plan S. 87 b2

€€ | **Stou Roushá** Suppen, Salate und allerlei Hausmannskost wie bei Muttern in einer schönen Taverne. ■ Nikoláou Laníti 26, Tel. 24 40 06 76, Plan S. 87 b3

€€ | **Zéphyros Beach Tavern** Alteingesessenes Fischlokal mit Lounge-Atmosphäre direkt am Meer. Meeresfrüchte, kleine Fische und Fisch-Mezé für 20 €. ■ Leofóros Tássou Mitsopoúlou 1, Tel. 24 65 71 98

 Einkaufen

Bossa Coffee and Crafts Ein südafrikanisch-zypriotisches Paar ist von Kapstadt nach Lárnaka umgezogen und hat diesen bunten Laden mit sozialverträglich produzierten Textilien, Einrichtungsgegenständen und allerlei Nützlichem eröffnet. Macht richtig gute Laune! ■ Evanthías Pierídou 37, Tel. 24 25 50 07, Plan S. 87 b2

Flamma Arts Gallery Töpfer Stávros Stavroú hat seine Ausbildung in Faenza/Italien durchlaufen, doch seine Kunstwerke beziehen sich ganz auf die zyprische Geschichte. ■ Zínonos Kitiéos 113, Tel. 24 62 55 30, www.stavros ceramics.com, Plan S. 87 b2

Im Blickpunkt

Das Beste aus Zyperns Küche

Die multikulturelle Vergangenheit der Insel spiegelt sich in der Küche, die griechische, türkische, orientalische und britische Elemente in sich vereint. Grundlage sind Olivenöl und schmackhafte Tomaten, gewürzt wird häufig mit Zimt und Koriander. Einen Überblick verschafft man sich am besten beim traditionellen Mezé, das aus einer Abfolge von rund 20 kleineren Gerichten besteht. Ausreichend Zeit und Appetit sollte man für solch ein opulentes Mahl mitbringen! Es beginnt meist harmlos mit Salaten und Dips. Die Kunst ist, sich davon nicht zu sehr verführen, sondern noch ausreichend Platz im Magen zu lassen. Danach wird Haloúmi-Käse und eingelegtes oder gekochtes Gemüse aufgetischt und schließlich verschiedene Gerichte mit Fleisch oder Fisch, je nach Taverne. Spätestens nach den Süßspeisen tut der Trester Zivanía gut.

 Kinder

Camel Park Jede Menge Tiere (nicht nur Kamele) zum Streicheln, Füttern und Reiten! Ein Spaß für die ganze Familie. ■ Mazotós, 15 Autominuten westl. von Lárnaka, Tel. 24 99 12 43, tgl. 9–19, Winter bis 17 Uhr, 10 €, erm. 7 € inkl. Poolnutzung und Kamelritt

Mousío fisikís istoría Das kleine Naturkundemuseum im städtischen Garten bietet eine Einführung in Flora und Fauna der Region mit ausgestopften Tieren, Pflanzen und Mineralien. Kinder haben ihre Freude an den Ziegen, Hühnern und Pfauen im Park. ■ Leofóros Grigorí Afxentíou, Mo–Fr 9–16, Sa 10–13 Uhr, Eintritt 0,50 €, Plan S. 87 a2

 Erlebnisse

Käserei Hadjipieris Haloumi, türkisch Hellim, ist das bekannteste zypriotische Lebensmittel und ein wichtiges Exportgut in die ganze Welt. Bei einem Besuch in der Käserei kann man sehen, wie der Käse hergestellt wird: Traditionell wird er aus Ziegen- oder Schafsmilch gewonnen und mit Blättern von Nanaminze in Lake eingelegt. Man genießt ihn gegrillt auf Holzkohle, gerieben in Süßspeisen, eingewickelt in Sepia und jederzeit auf dem Sandwich. Produziert wird morgens, vorherige Ankündigung sinnvoll. ■ Athiénou (ca. 40 km nordöstl. von Lárnaka), Tel. 24 52 31 31, www.hadjipieris.com

 Sport

Hinter dem Kastell beginnt eine lange, schöne **Meerespromenade,** ideal zum Joggen oder Radfahren bis zum McKenzie-Strand. ■ Leofóros Tássou Mitsopoúlou

🚌 **In der Umgebung**

Alikí Lárnakas
| Salzsee |

Bis in die 80er-Jahre wurde hier noch Salz geschürft, das im Mittelalter das wichtigste Exportgut der Stadt war. Heute dient der See als Naherholungsgebiet: An der Lárnaka zugewandten Seite liegt ein Einstieg in eine Jogging- oder Radfahrstrecke (ausgeschildert), die am Kamáres-Aquädukt endet. Der Salzsee ist als Feuchtbiotop eine wichtige Station für Zugvögel und winterlicher Rastplatz für Flamingos vom Kaspischen Meer – ein großartiger Anblick.

■ Südwestl. der Altstadt

Hala Sultan Tekke
| Moschee |

Viele Muslime aus Jordanien, Ägypten und Syrien pilgern zur malerisch am Salzsee gelegenen Moschee, der wichtigsten islamischen Kultstätte Zyperns, mit dem Grabmal der Umm Haram, der Pflegemutter des Propheten Mohammed. Sie soll während der ersten Arabereinfälle 648 beim Sturz vom Maultier »den Alabasterhals gebrochen« und tödliche Verletzungen erlitten haben. Das schönste Fotomotiv fängt man direkt vom Salzsee ein, wenn die von einem Palmenhain umgebene Moschee wie eine Fata Morgana wirkt.

■ Tekke, südwestl. der Altstadt, tgl. außer Fr 8.30–19.30, Winter bis 17 Uhr

Panagía Angelóktisti
| Kirche |

Die Apsis der »von Engeln erbauten« Kirche ist mit einem einzigartigen Mosaik aus der Zeit vor dem Bildersturm (6. Jh.) dekoriert, das deutlich an die Farbigkeit und Qualität der Mosaiken von Ravenna erinnert. Es zeigt eine

Die Hala Sultan Moschee ist die wichtigste Kultstätte des Islam in Zypern

Milde und Grazie ausstrahlende Muttergottes mit Jesuskind, flankiert von den Erzengeln, deren Flügel mit Pfauenfedern geschmückt sind.

■ Kíti, Archiepiskópou Kyprianoú, 7–18.45, Winter bis 16.45 Uhr

ADAC *Mobil*

Die **Beschilderung** der südzyprischen Straßen ist sehr touristenfreundlich durchgehend auf Griechisch und Englisch. An Landstraßen verweisen blaue, an Autobahnen grüne Schilder auf Ortschaften, braune auf touristisch relevante Sehenswürdigkeiten.

24 Monastíri Stavro-voúni

Das Kloster, das zu den ältesten Zyperns gehört, ist nur für Männer zugänglich

■ 40 km von Lárnaka, Anfahrt über die A1, Abzweigung Kórnos, ab dort Stichstraße zum Kloster, unregelmäßige Öffnungszeiten

Im Jahr 327 landete die heilige Helena, Mutter Konstantins des Großen, auf Zypern – ein bedeutendes Ereignis. Denn Helena kam aus dem Heiligen Land und führte das Kreuz mit sich, an das Jesus Christus genagelt worden war. Der Legende nach gründete sie selbst das Kloster Stavrovoúni und hinterließ auf dem »Berg des Kreuzes« einige Splitter sowie jene Nägel, die Hände und Füße Christi durchbohrt hatten. Noch heute ist die Verehrung

Die Kirche des Klosters Stavrovoúni birgt Splitter des Heiligen Kreuzes

dieser Relikte, die in Silber eingeschlagen sind, tief im Glauben der Zyprioten verankert. In 688 m Höhe thront das älteste Kloster der Insel, in dem heute 30 Mönche leben. Frauen ist der Zugang untersagt, sie müssen sich mit dem Panoramablick begnügen. Fotografieren ist nicht gestattet.

 Events

Am 14. September, dem Tag der Kreuzerhöhung, feiert das Kloster sein **Patronatsfest** mit festlichen Gottesdiensten und Feierlichkeiten. Auch hier sind nur Männer zugelassen.

25 Léfkara

Das ist Spitze – mit feinster Stickerei ist der Ort zu Wohlstand gekommen

■ www.lefkaravillage.com

Das Kunsthandwerkerdorf mit hübschen Natursteinhäusern und pittoresken Gassen lockt seit jeher viele Touristen und Souvenirjäger. Berühmtester Besucher war Leonardo da Vinci, der 1481 eine Hohlsaumstickerei als Altardecke für den Mailänder Dom erwarb. Jahrhundertelang bereisten die Ehemänner der stickenden Frauen von Léfkara Europa, um mit der wertvollen Ware zu handeln, und investierten ihr Vermögen in herrschaftliche Häuser. Heute sitzen sie im Café oder verkaufen vor Ort. Die »Lefkarítika« haben ihren Preis. Zwischen die einheimischen Servietten und Tischdecken hat sich auch viel Importware aus China gemischt, ein wachsames Auge ist daher ratsam. Auch Silberschmiede sind in Léfkara ansässig und kreieren filigranen Schmuck.

Sehenswert

Timíou Stavroú
| Kirche |
Die Heiligkreuz-Kirche besitzt eine kunstvoll holzgeschnitzte Ikonostase aus dem 18. Jh. und ein seltenes Silberkreuz aus dem 13. Jh.

 In der Umgebung

Monastíri Ágios Mínas
| Kloster |
Das im 15. Jh. gegründete Frauenkloster ist auf der ganzen Insel für seine Ikonen malenden Nonnen bekannt. Die Klosterkirche birgt eine beeindruckende Ikone des hl. Georg. Bestellungen werden entgegengenommen.
■ 8 km von Léfkara, nahe Káto Drys, keine Besichtigungen von 12–15 Uhr

26 Choirokitía

UNESCO-Weltkulturerbe: Schöner Wohnen im jungsteinzeitlichen Dorf

■ ca. 34 km westl. von Lárnaka, 8.30–19.30, Winter bis 17 Uhr, Eintritt 2,50 €

Begeben Sie sich 9000 Jahre zurück und bummeln Sie durch ein steinzeitliches Dorf, das sich steil an den Hügel schmiegt. Die Stelle war gut gewählt: Die ersten Siedler entnahmen dem Flussbett schwere Steine und errichteten damit Einraum-Rundhäuser und solide Mauern. Sie fertigten Werkzeug und Hausgerätschaften aus den Steinen, denn erst ab dem fünften vorchristlichen Jahrtausend lernten sie, Tongefäße herzustellen. Der Fluss lieferte frischen Fisch, auf dem steinzeitlichen Speisezettel standen aber auch Schaf- oder Ziegenfleisch, Getreide

und Beeren. Ihre Toten bestatteten sie meist innerhalb des eigenen Hauses. Unterhalb der Siedlung sind einige Rundhäuser nachgebaut worden.

 Restaurants

€€ | **Vasilikí** Tagesgerichte wie »koupepia« (gefüllte Weinblätter) oder Lamm. ■ An der Schnellstraße Limassol–Lárnaka, direkt vor den Ausgrabungen von Choirokitía, Tel. 24 32 21 40

 Cafés

Allokotó Café Zwei junge Damen haben mit viel Liebe zum Detail ein altes Steinhaus gemütlich eingerichtet und bieten selbst gebackene Waffeln und Kaffeespezialitäten. ■ Agíou Iakóvou 16, Tel. 95 11 70 00

 In der Umgebung

Tóchni
| Ort |
Das schmucke Feriendorf umwirbt Investoren mit dem Slogan »Leben auf dem Land« und wirkt wie ein südfranzösisches Dorf. An die türkisch-zypriotischen Nachbarn und das an ihnen 1974 verübte Massaker erinnert man sich nur ungern. Der muslimische Friedhof ist verlassen und ungepflegt.
■ 5 km westl. von Choirokitía

Ténta Kalavassoú
| Ausgrabung |
Von Weitem sichtbar ist das kegelförmige Schutzdach, das sich über eine jungzeitliche Siedlung aus dem 7. vorchristlichen Jahrtausend erstreckt.
■ ca. 10 km westl. von Choirokitía, tgl. 8.30–16 Uhr, Eintritt 2,50 €

Restaurants

€ | Oktágono Der Charme einer Tank-
stelle … aber vielleicht das beste Kléftiko Zyperns. Hier sind Sie garantiert
unter Einheimischen.■ Kalavassós, Sta-
vrodromíou 1, Mobil 99 28 59 00

27 Agía Nápa

*Heiße Partymeile, sonniges Ferien-
paradies und das Mallorca Zyperns*

 Information

■ CTO: Krýou Neroú 12, Tel. 23 72 17 96

Zyperns Badewanne liegt im Südosten
der Insel. Das einst verschlafene, vom
griechischen Literaturnobelpreisträger
Giórgos Seféris gerühmte Fischernest
erlebte seinen Aufschwung nach 1974,
als aufgrund der politischen Situation
neue Badeorte erschlossen wurden.
Das Treiben in Agía Nápa ist in der
Saison bunt und laut – von weither
werden DJs eingeflogen und wilde
Partys gefeiert. Agía Nápa und Para-
límni-Protarás bieten die besten Sandstrände der Republik Zypern, wie die
Paralía tis Sikiás (Feigenbaumstrand)
oder die Kónnos-Bucht, und sind mit
ihrem seichten, türkisfarbenen Wasser
auch für einen Familienurlaub geeignet. Im Sommer ist die Gegend ein
Paradies für Nachtschwärmer, Wasser-
sportler und Sonnenhungrige, im
Winter ist sie verödet. Wer mehr als nur
Strandleben entdecken will, muss sich
ins Hinterland aufmachen: Immer
noch sind hier die »kokkinochória«,
die wegen ihrer Erde so genannten
»roten Dörfer«, das Hauptanbauge-
biet für kindskopfgroße, wohlschme-
ckende Kartoffeln.

 Sehenswert

Mousío Thálassa
| Museum |
Die Nachbildung eines vor der Küste
von Kyrenéia gesunkenen hellenistischen Handelsschiffes ist die Attraktion
des auch architektonisch spannenden
Museums. Ein 10 000 Jahre altes Papy-
rusfloß wurde ebenfalls rekonstruiert.
■ Krýou Neroú 14, www.thalassamuse
um.org.cy, Mo 9–13, Di–Sa 9–17, Sommer
auch So 15–19 Uhr, Eintritt 4 €, erm. 1,50 €

Monastíri Agías Nápas
| ehemaliges Kloster |
»Unsere liebe Frau der Wälder«, im
16. Jh. unterirdisch in den Felsen ge-
hauen und seither gewachsen, ist mit
seinen Arkaden und dem schönen Innenhof eine Idylle inmitten des quir-
ligen Ortskerns. Vor der Südseite fällt
eine über 600 Jahre alte Sykomore, ein
Maulbeerfeigenbaum, auf. In der Antike war das Sykomorenholz aufgrund
seiner Festigkeit beliebt für den
Schiffs- und Sargbau. Das einstige Ma-
rienkloster wurde in venezianischer
Zeit errichtet und erst nach der osmanischen Eroberung den Orthodoxen
übergeben. Heute kommen auch Ka-
tholiken und Protestanten zur Messe.
■ Grigóris Afxentíou, nahe Platía Seféri,
im Innenhof

 Kinder

Waterworld Park Turmhohe Hoch-
geschwindigkeitsrutschen und riesige
Spaßbadelandschaften im Antik-Look,
angeblich der größte Themen-Aqua-
park Europas. ■ Leofóros Agías Théklas
18, Tel. 23 72 44 44, www.waterworldwa
terpark.com, April–Nov. 10–17, Mai–Sept.
bis 18 Uhr, Eintritt 38 €, erm. 24 €

28 Kap Gréko

*Europa endet an bizarren Karstfelsen –
ein Küstenspaziergang*

Die Felsformationen des unter Natur-
schutz stehenden südöstlichsten Kaps
mit seinen zwei niedrigen Tafelbergen
sind bei Schwimmern und Wanderern
beliebt. Schon früh im Jahr blühen
Krokusse und Orchideen, später Lilien
und Asphodelen. Vorsicht: Baden an
den »Sea Caves« (Meereshöhlen) ist
wegen der Brandung nur bei Windstil-
le ratsam.

Wandern

19 Ausgangspunkt einer dreistün-
digen, leichten **Küstenwande-
rung** (Sonnenschutz wichtig) ist der
Hafen von Agía Nápa. Von hier geht es
immer am Meer in östlicher Richtung,
vorbei am Kérmia-Strand und den
»Sea Caves« Richtung Tafelberg. Die
Spitze des Kap Gréko ist wegen einer
Radarstation unzugänglich, der Weg
führt knapp davor weiter in nördlicher
Richtung zum schönsten Strand der
Gegend, Kónnos Beach. Zurück geht es
mit dem Bus 101/102 nach Agía Nápa.
Badesachen nicht vergessen!

In der Umgebung

Derýneia
| Grenzort |
Das Dorf hat durch die Invasion und
Teilung der Insel 75 % seines Terrains
verloren. Eine kleine Fotoausstellung
im Kulturzentrum (Cultural Centre of
Occupied Ammochostós) zeigt das
Schicksal der innerzyprischen Flüchtlinge. Mit einem Fernglas kann man
deutlich die Sperrzone von Varoscha

*Der touristische Hot Spot Zyperns: Agía
Nápa, Limanáki Beach*

und die Ausläufer der Stadt Famagusta
erkennen. Ein neuer Checkpoint wird
voraussichtlich im Juli 2018 geöffnet
(Stand Juni 2018) und ermöglicht eine
schnelle Verbindung ins nahe gelegene Famagusta.
■ Evagórou 35

Gefällt Ihnen das?

Leichte Spaziergänge wie am Kap
Gréko kann man mit der ganzen
Familie auch an anderen Orten
unternehmen, am schönsten im
Frühjahr auf der **Halbinsel Akámas** (S. 30) oder von der **Panagía tis Asínou** nach Ágios Theodóros (S. 53).

Übernachten

Wer einen Badeurlaub plant, ist sicherlich mit einem der zahlreichen gut ausgestatteten Strandhotels gut beraten. Dabei ist allerdings zu beachten, dass diese meist außerhalb des gewachsenen Ortskerns in einer sogenannten touristischen Zone liegen. Supermärkte für die Grundversorgung, Tankstellen, Informationsbüros und Bushaltestellen gibt es dennoch. Wer sich unter die Einheimischen mischen will, fährt zur »vólta«, dem abendlichen Spaziergang, an die Strandpromenade nach Lárnaka. Wer hingegen auf die Küste verzichten kann, findet im Hinterland ursprüngliche Steinhäuser, die sorgsam restauriert, in Ferienapartments umgewandelt und häufig sogar mit Pools ausgestattet wurden. Für den Badeurlaub an der südöstlichen Küste empfiehlt sich die Buchung über ein Reisebüro oder über das Internet, was deutlich günstiger ist als vor Ort.

Lárnaka 84

€ | Amorgós Im Zentrum in der zweiten Reihe und daher ohne Blick, dafür punktet das Boutiquehotel mit einem ausgezeichneten Preis-Leistungs-Verhältnis. Die Zimmer sind sehr gut ausgestattet mit Wasserkocher, Bademantel und Badeschlappen, das Frühstück ist gut und reichhaltig. ■ Mitsí 11, Tel. 24 62 19 00, www.amorgos hotel.com

€€ | Frixos Suites Hotel Apartments Eine gute Alternative zu den großen, von Gruppen und Pauschalurlaubern bevorzugten Strandhotels ist diese Hotelanlage mit großem Garten und Pool. ■ Dhekélia Road, Aphrodítis 3, Tel. 24 64 52 00, www.frixoshotel.com.cy

€€ | Les Palmiers Gut geführtes, sauberes Hotel an der Palmenpromenade im Zentrum. Die Zimmer sind erst kürzlich renoviert worden und haben eine angenehme, indirekte Beleuchtung. Gutes Frühstücksbüfett. Eigener Parkplatz vorhanden. ■ Athinón/Evanthías Pierídou 6, Tel. 24 62 72 00, www.lespalmiers.com.cy

€€€ | Palm Beach Hotel Ein bewährtes Strandhotel am flachen Sandstrand mit sehr schönen Außenanlagen, drei Pools und freundlichem Service. Frühstücks- und Abendessensbüfett lassen keine Wünsche offen. Familien schätzen die großzügigen Zimmer und die Kinderermäßigungen. ■ Dhekélia Road, Tel. 24 84 66 00, www.palmbeachhotel.com

Léfkara 92

€ | Iosíphis Stone House Fünf Apartments mit Küche für Selbstversorger, rund um einen kleinen Innenhof in einem 100 Jahre alten Steinhaus an der höchsten Stelle des Dorfes gelegen. ■ Prótis Apríliou 19, Tel. 24 66 46 77, www.iosiphishouse.com

Bei Choirokitía 93

€ | Teacher's House Das Steinhaus des früheren Dorflehrers wurde liebevoll zu einer kleinen Pension umgebaut – ein idealer Ausgangspunkt für Urlauber, die Zypern mit dem Auto erkunden. Fürsorgliche Gastgeber, die ein köstliches Frühstück kredenzen. Im Winter und Frühjahr ist die Unterkunft nur dürftig geheizt. Verlangen Sie eines der großzügigeren Zimmer im Obergeschoss. ■ Maróni (ca. 5 km von Choirokitía), Archangélou Michaíl 3, Tel. 99 12 16 63, www.teachershousema roni.com

€–€€€ | **Dorf Tóchni** Das Dorf gilt als Musterort für nachhaltiges und naturbelassenes Bauen. Hier hat auch die Organisation ihren Sitz, die in der Umgebung alte, verlassene Häuser restaurieren und in Ferienhäuser verwandeln ließ. Man kann Apartments und Steinhäuser unterschiedlicher Größe mieten. ■ www.cyprusvillages. com.cy

€€€ | **The Library Hotel** Das Steinhaus aus dem 19. Jh. bietet elf Suiten, die nach Literaten und Denkern benannt sind. In der Kaminlounge kann man sich mit einem guten Buch aus der reich bestückten Bibliothek zurückziehen. Mit angeschlossenem Wellness Center. Nur für Erwachsene. ■ Anexartisías 3, Kalavassós (ca. 9 km von Choirokitía), Tel. 24 81 70 71, www.libra ryhotelcyprus.com

Agía Nápa

€€ | **Mon Repos Hotel** Moderne, etwas am Rand gelegene und daher ruhige, familienfreundliche Anlage, im Bungalowstil rund um einen Pool errichtet. Zum Makrónissos-Strand läuft man 500 m. ■ Leofóros Nissí 125, Tel. 23 72 13 19, www.monreposhotel.info

€€ | **Tasia Maris Sands** Ordentliches 3-Sterne-Strandhotel mit 62 Zimmern, abseits vom zypriotischen »Ballermann« an einer kleinen Bucht gelegen. Mit Pool, Hallenbad, Tennisplatz, Restaurant und zwei Bars. ■ Leofóros Nissí, Tel. 23 72 54 00, www.tasiamaris hotels.com

€€€ | **Alion Beach Hotel** Am feinen Sandstrand Grecian Bay mit herrlicher Palmen- und Poolanlage, Tennisplätzen, Fitnesscenter und reichhaltigem Frühstücksbüfett. 5-Sterne-Haus, das bei rechtzeitiger Reservierung günstige Konditionen anbietet. ■ Krýou Neroú 38, Tel. 23 72 29 00, www.alion.com

Beim Kap Gréko

€€€ | **Grecian Park** Bewährtes 5-Sterne-Hotel am feinen Kónnos Beach mit allem Komfort und Angebot für Groß und Klein. Moderne, lichte Zimmer, Pools, Fitness, Kinderclub und vieles mehr. Bei früher Buchung günstige Preise. ■ Kap Gréko 5, Tel. 23 84 40 00, https://grecianpark.com

€€–€€€ | **Crystal Springs Beach Hotel** Für den sorglosen Strandurlaub ist dieses 4-Sterne-Haus eine gute Wahl. Großzügiges All-inclusive-Angebot, SPA und Animationsprogramm. Großer Pool und 15 000 m² große Gartenanlage. ■ Vrysoudión 95, Tel. 23 82 69 99, www.crystalspringsbeachhotel.com

€€–€€€ | **Cavo Maris Beach Hotel** Ausgezeichnetes Strandhotel für Familien mit kleinen Kindern, die professionell betreut und abends in der Kinderdisco bespaßt werden. Fragen Sie nach den großzügigen Mezzanine-Familienzimmern. Palmengarten mit Blick aufs Meer, Außen- und Innenpool. ■ Protarás, Tel. 23 83 20 43, www.ca vomaris.com

Der Norden: Von Girne bis Vouní

Eine Entdeckungstour im türkisch-zypriotischen Inselteil vom malerischen Hafenstädtchen Girne bis zur fruchtbaren Bucht von Güzelyurt

Hat man die Grenze in Nikosia überquert und die Stadt hinter sich gelassen, erhebt sich der zweite große Gebirgszug der Insel, das Pentadáktylos-Gebirge. Obwohl es bei Weitem nicht die Höhe des Olymps im Tróodos erreicht, wirkt es mit seinen dramatisch aufsteigenden Felskuppen und einer engen, kurvigen Passstraße insgesamt alpiner. Die Insel blühte auf, nachdem das Heilige Land von Saladin erobert worden war und sich die verschiedensten Orden auf der Insel niederließen. Zypern wurde die letzte christliche Bastion im östlichen Mittelmeer. Ritterburgen und halb verfallene Klosterruinen zeugen davon. Man kann sie erwandern oder mit dem Auto erkunden. Ein guter Ausgangspunkt ist Girne (Kyrenia), das mit seinem Bilderbuchhafen und dem Kastell das touristische Zentrum von Nordzypern bildet. Lange wurde Nordzypern als Geheimtipp gehandelt, für den Reisende gern die kompliziertere Anreise über die Türkei in Kauf nahmen. Doch seit Öffnung der Grenze profitiert auch der Norden von Touristen, die über Lárnaka einreisen. Rund um Girne ist die Landschaft schon zersiedelt, stehen Ferienhäuser aus der Retorte zum Verkauf, weicht so mancher Johannisbrothain einem Betonbau – muss man die Fehler des Südens wiederholen? Und doch gehören ein Konzert in der gotischen Abtei von Béllapais oder ein Besuch im osmanisch geprägten Lefke zu den stimmungsvollsten Erlebnissen auf Zypern.

In diesem Kapitel:

ADAC Top Tipps:

St. Hilarion
| Burgruine |

Zyperns beeindruckendste Kreuzfahrerburg und Sommerresidenz der Lusignan-Könige mit Panoramarundblick. 105

 Passstraße nach Kozan
| Panoramastraße |
Eine schmale, kurvige Straße führt mit
überwältigenden Ausblicken durch
den Wald an den Ausläufern des

ADAC Empfehlungen:

 Treasure, Karaman
| Restaurant |
Ein neues Lokal in einer alten Schule,
eingerichtet wie aus dem Katalog,

 Béllapais Gardens, Béllapais
| Restaurant |
Hier kocht Selim Yesilpınar nach dem
Regionalitätsprinzip der Slow-Food-
Bewegung: organisch, regional,

 Musikfestival von Béllapais
| Event |
Im Mai ertönen bei diesem hochkarä-
tigen Musikfestival klassische Klänge

vor der Kulisse der vielleicht schönsten Klosterruine des östlichen Mittel-

 Hadra-Ritual, Lefke
| Event |
Zum freitäglichen Sufi-Ritual mit
Gesang, Gebet und Tanz pilgern inter-
nationale Besucher nach Lefke –
Gäste jeder Konfession sind herzlich

29 Girne

Kyrenia

Rund um den schönsten Fischerhafen Zyperns geht es gemütlich zu

 Information

■ Touristen-Information im alten Zollhaus am westlichen Ende des Hafens, Tel. +90 39 28 15 60 79, 8–18 Uhr
■ Parken siehe S. 102

Das in der Antike Keryneia genannte, von griechischen Kolonisten gegründete Küstenstädtchen ist mit seinem Bilderbuchhafen und dem gewaltigen Kastell ein pittoresker Ort. Doch die Zeiten, als Diva Lotti Huber hier ihr legendäres Octopus-Restaurant betrieb oder der Schriftsteller Lawrence Durrell schweren Commandaria-Süßwein am Hafen von Kyrenia schlürfte, »dem einzigen Hafen von Cypern, der, winzig, sauber, bunt und schön, etwas von der echten allure der Kykladen hat«, sind vorbei.

Eine intakte Altstadt darf man nicht erwarten, doch ist es spannend, das Nebeneinander von restaurierten und verfallenen Steinhäusern, brutalen Betonklötzen, glitzernden Spielhöllen, romantischen Innenhöfen und günstigen Off-Licence-Läden mit dem Charme der sowjetischen Moderne, die zollfreie Waren verkaufen, auf kleinstem Raum zu beobachten. Lassen Sie sich treiben in dieser beschaulichen Multikulti-Welt, wo arabische vollverschleierte Damen mit ihren Ehemännern urlauben, türkisch-zypriotische Mädchen kokett im Mini mit ihren Freundinnen scherzen, schottische Männer in den besten Jahren einen Neuanfang auf der »sunny side« Europas wagen und deutsche Rentner im Januar viel Sonnenschein im Freien genießen.

 Sehenswert

Kastell
| Festung |
Eine erste Festung errichteten bereits die Byzantiner im 10. Jh., und die Venezianer verstärkten sie zu einer massiven Bastion, die sie den Osmanen nach dem Fall von Nikosia ohne Widerstand überließen. Das erklärt die bis heute erstaunlich gut erhaltene Bausubstanz. Vom oberen Wehrgang genießt man den besten Blick auf Stadt, Berge und Küste.

Im Inneren gibt es viel zu entdecken: die mittelbyzantinische Kirche Ágios Geórgios, den steinernen Sarkophag eines türkischen Admirals und einen Kerker, in dem drastisch drapierte Puppen an so manches Schicksal erinnern. Geschichte und Brauchtum sind spannend erklärt. Höhepunkt der Ausstellung ist ein 1968 vor der Küste von Girne von amerikanischen Unterwasserarchäologen geborgenes antikes Schiffswrack aus dem 4. Jh. v. Chr. – das älteste bislang gefundene griechische Handelsschiff. Beladen war es mit 400 Amphoren, die Öl,

ADAC *Mittendrin*

Açık Pazar Bauernmarkt
Hier kaufen die sparsame Hausfrau und der Gourmetkoch Taroknollen, Hellim in Minze, eingelegten Kapernstrauch, Karobensirup, Gemüse und Obst. Ein Genuss für alle Sinne.
Zwischen Nureddin Ersin Sokak und Dr. Halim Hocaoğlu Caddesi, Mi von frühmorgens bis ca. 14 Uhr

Girne bietet eine malerische Kulisse für beschauliche Urlaubstage

Mandeln und rhodischen Wein transportierten.

■ Hafen, Sommer 8–18, Winter 8–17 Uhr, letzter Einlass 1 Stunde vorher, Eintritt 12 TL

Harup Ambar ve Kibris Evi
| Museum |

Im ehemaligen Johannisbrot-Speicher am Hafen zeigt eine volkskundliche Ausstellung Trachten, Möbeln, Lefkarítika-Spitzen und Gebrauchsgegenstände des ländlichen Zypern.

■ Hafen, Mo–Fr 8–15.30, Do bis 17 Uhr, Eintritt 7 TL

Ağa Cafer Paşa Cami
| Moschee |

Seit 1589 wird hier nach muslimischem Ritus gebetet. Daran konnte auch ein Bombenangriff durch die griechischzypriotische Terrororganisation EOKA-B 1950 nichts ändern. Der alte Reinigungsbrunnen ist in eine öffentliche, saubere, nach Geschlechtern getrennte Bezahl-Toilette verwandelt worden.

■ Ağa Cafer Paşa Sokak, außerhalb der Gebetszeiten frei zugänglich

Ikonenmuseum
| Museum |

In der ehemaligen Erzengel-Michael-Kirche von 1860 zeigt eine Ausstellung Ikonen aus verschiedenen orthodoxen Kirchen vom 17. bis ins 19. Jh.

■ Cambulat, zurzeit wegen Restaurierung geschl.

Bandabuliya
| Bazar |

Seit dem Mittelalter wurde hier (offen) Markt gehalten. Die Briten entschieden sich aus hygienischen Gründen für eine gedeckte Markthalle, die lange Zeit der Mittelpunkt der Stadt war, bis sich die Kunden bequem im Supermarkt um die Ecke mit Gemüse und Obst versorgten und der Marktplatz verlotterte. Die alte Halle wurde 2004 vorbildlich umgebaut und birgt heute Läden, Bars und Souvenirshops.

■ Ecke Canbulat Sokak/Ağa Cafer Paşa Sokak, Mo–Sa 9–17 Uhr

 Parken

Kostenlos parkt man in der Nähe des Kastells, z.B. am »Anfityatro«. Der Weg dorthin ist ausgeschildert.

Im Blickpunkt

Türken in Nordzypern

Bevor sich die innerzyprischen Grenzen öffneten, war Nordzypern ein Geheimtipp für Naturliebhaber, die auf Komfort, bequeme Straßen und internationale Produkte gut verzichten konnten. Inzwischen hat sich die Infrastruktur deutlich gebessert, auch in lange abseits gelegenen Regionen. Die Alltagskultur in den Städten und noch mehr den Dörfern zu entdecken ist ein besonderes Erlebnis, und schnell wird klar, dass die türkischen Zyprioten aufgeschlossene und liberal gesinnte, freundliche Menschen sind, die mit den zumeist konservativen türkischen Siedlern aus Anatolien wenig mehr als die Sprache gemein haben. Eine große Chance für die Entwicklung ist, dass inzwischen auch viele türkische Intellektuelle das lange als verschlafen verrufene Nordzypern als lässige Kurzurlaubsdestination und von politischen Gängeleien freien Wohnort entdecken.

 Restaurants

€ | Ayandon Meyhanesi Üppiges rustikales Meze mit delikatem »şeftali kebabi« gibt's im Politikertreff von Girne. Ein authentisches Erlebnis! ■ Karaoğlanoğlu, Adnan Tamer Sokak 13, Tel. +90 54 88 66 22 22

€ | Hürdeniz Einheimischentreff für Fischliebhaber, sehr schön blau-weiß eingedeckt. ■ Karaoğlanoğlu, Dizayn 74 Yanı, Tel. +90 53 38 68 88 38

€€ | Azure Blau-weißes Kykladenfeeling und Völkerverständigung in der Küche: griechische, türkische und sizilianische Häppchen als Vorspeise, Okraschoten und Kebab. Gepflegte Atmosphäre zum Lunch oder Dinner. ■ Efeler Sokak 13, Tel. +90 53 38 73 80 88

€€ | Jacaranda Zum Niederknien schön ist der begrünte Innenhof auf zwei Etagen des zum Kyrenia Palace Hotel gehörenden Restaurants. Italienisch inspirierte Küche. ■ Cafer Paşa Sokak 2, Tel. +90 39 28 15 60 08

 Einkaufen

Ali Garip Der empfehlenswerteste der vielen Off-Licence-Läden, die eine erstaunliche Vielfalt an Kitsch, Alkoholika sowie internationalen und zyprischen Delikatessen anbieten. Sie sind wegen der hohen Besteuerung in der Türkei sehr beliebt. ■ Ziya Rıskı Caddesi 161

CON Sie mögen türkischen Mokka? In der Kaffeerösterei gibt's eine feine Auswahl. ■ Atilla Sokak 2

 Kneipen, Bars und Clubs

Whiskey Joe's Bar »Cead mile failte« – der gälische Gruß «tausendfach willkommen« ist eine herzlich gemeinte Einladung, nicht nur an die britische

In Karaman wurden alle Häuser liebevoll wieder instand gesetzt

Stammkundschaft, die bei Darts, Leber und Fish'n'Chips Neuigkeiten austauscht. ■ Ağa Paşa Sokak 7

 Kinder

Bootsausflüge und **Sportfischen** können auch Kinder begeistern. Zahlreiche Veranstalter werben am Hafen um Kundschaft. An Bord gibt es Essen, Getränke und meist die Möglichkeit, eine Runde zu schwimmen. Eine Schnorchelausrüstung wird meist gestellt. ■ Hafen, www.kyreniaboattrips.com, www.kyreniafishingtrips.com

 In der Umgebung

Karaman (Kármi)
| Dorf |
In dem bis 1974 vorwiegend von griechischen Zyprioten bewohnten Dorf ist ein interessantes Modell entstanden: Anstatt wie üblich die Häuser türkischen Siedlern zur Verfügung zu stellen, verpachtete die nordzyprische Regierung sie für die Dauer von 49 Jah-

ren an Ausländer. Und diese kamen zahlreich: Briten, Deutsche, Skandinavier und Italiener haben in liebevoller Kleinarbeit die Gassen neu gepflastert, zweisprachig beschriftet und gepflegte Anwesen errichtet. Grund und Boden gehören ihnen nicht, und wer sein Anwesen abgeben möchte, verlangt – innerhalb der 49 Jahre – eine Ablöse für die getätigte Investition. Hundesitter und Reinigungskräfte kümmern sich um Haus und Tier während der Abwesenheit. In der orthodoxen Kirche wird wieder Weihnachten gefeiert, Cafés und Pubs sorgen für Abwechslung, und am Parkplatz gibt es sogar ein öffentliches WC.

Treasure
| Restaurant |
(20) €€–€€€ | Noch vor der Auffahrt ins Dorf liegt die ehemalige griechisch-zypriotische Schule, die nach jahrelangem Verfall im Herbst 2017 in ein fantastisches Restaurant verwandelt wurde. Das Interieur ist gediegen-elegant, der Blick auf die Bucht unver-

Gotische Spitzbögen vor Zypressen – Béllapais ist ein pittoresker Ort

stellt, das »kléftiko« ein Gedicht, der Sundowner auf der Terrasse ein Muss.
■ Karaman, Doga Sokak 1, tgl. Di–So ab 18 Uhr, Tel. +90 53 38 35 48 58, www.trea sure-karmi.com

30 Béllapais

Hoch über der Küste: die berühmteste gotische Klosterruine des Mittelmeeres

In 250 m hoher Panoramalage, eingebettet in Zypressenhaine, liegt eine gotische Klosterruine. Das gleichnamige Dorf, dessen türkischer Name Beylerbeyi lautet, wurde durch den immer noch lesenswerten Zypern-Klassiker »Bittere Limonen« des englischen Schriftstellers Lawrence Durrell berühmt, der in den 1950er-Jahren dort-

hin zog und Béllapais ein bleibendes literarisches Denkmal gesetzt hat. Durrells Haus liegt am Ende des Limonenwegs. In Béllapais steht auch der wohl berühmteste Baum Zyperns, der »Baum des Müßiggangs«.

 Sehenswert

Béllapais Manastır
| Klosterruine |
Das ursprünglich Abbaye de la Paix genannte Kloster wurde 1205 nach dem 3. Kreuzzug gegründet. Nach dem Fall von Jerusalem überließ König Hugo I. das Land vertriebenen Augustinermönchen, die eng mit den Prämonstratensern verbunden waren. Deren Regel wurde übernommen, die Mönche trugen die weiße Kutte, weshalb noch im 16. Jh. von der »Weißen Abtei« die Rede war. Durch privilegierte Beziehungen zum Hof gelangte das Kloster zu großem Reichtum. Es ist eines der frühesten Zeugnisse gotischer Architektur auf Zypern. Der älteste erhaltene Teil ist die Klosterkirche aus dem 13./14. Jh. mit einem ungewöhnlichen Flachdach. Besonders stimmungsvoll ist der Kreuzgang mit zartem Maßwerk an den Arkaden.
■ April–Okt. 8–19, Nov.–März 8–17 Uhr, Eintritt 9 TL

 Restaurants

21 €€ | Béllapais Gardens Im Restaurant des Hotels Béllapais Gardens kocht Sterne-Chef Selim Yeşilpınar nach den Prinzipien der Slow-Food-Bewegung: regional, saisonal und organisch! Haute Cuisine auf zyprische Art in gediegenem Ambiente, dazu erlesene Weine und exzellenter Service. Ein unvergessliches gastronomisches Erlebnis. ■ Béllapais, Şehit Fuat Niyazi Sokak, Tel. +90 9 28 15 60 66, www.béllapaisgardens.com

€€ | **Eminem** Ausgezeichnetes Mezé in uriger Atmosphäre, bei den Einheimischen sehr beliebt. ■ Çatalkoy, Böğürtlen Sokak 8, Tel. +90 39 28 24 43 00

 Einkaufen

BeGarden Weindegustation, Bilder, Keramik und Souvenirs von Sarah. ■ Şehit Fuat Niyazi Sokak

 Events

(22) **Musikfestival von Béllapais** Einen Monat lang, von Mitte Mai bis Mitte Juni, steht das schöne Dorf mit der wohl berühmtesten Abtei im östlichen Mittelmeer ganz im Klang klassischer Musik – mit anspruchsvollem Programm. Das Konzert der türkischen Militärkapelle ist gratis, alle anderen Konzerte mit Solisten, Chören und Orchestern gibt's für günstige 25 TL. ■ Tickets vor Ort, Informationen unter yilmaz.taner22@gmail.com oder Tel. +90 53 38 54 64 17

31 Pentadáktylos-Gebirge

Ein schmaler Gebirgszug mit steilen und zerklüfteten Felshängen

Einer Legende nach hielt sich der Held Digenís Akrítas (S. 26) während der Verfolgung der Sarazenen an einem Gebirge fest, um sich aus dem Meer zu ziehen. Dabei hinterließen seine fünf Finger (»pénte dáktyla«) einen Abdruck und gaben dem Pentadáktylos-Gebirge sein charakteristisches Aussehen.

 Sehenswert

Sourp Magar (Ermeni Manastırı)
| Kloster |

Eine koptische Gemeinde aus Ägypten gründete das Kloster Sourp Magar in byzantinischer Zeit und weihte es dem Eremiten Makários (armenisch Magar). Ab 1425 war das Kloster in armenischem Besitz, Anfang des 20. Jh. diente es als Erholungszentrum für Waisen der 1895 in der Türkei ermordeten Armenier. Heute ist es verlassen, nur am Festtag des Heiligen, am ersten Sonntag im Mai, wird es zur Pilgerstätte armenischer Christen.

■ ca. 2,5 km von der Forststation Alevkaya (ausgeschildert), Eintritt frei

Antiphonitís Kilisesi
| Kloster |

Auf eindrucksvoller Panoramastraße gelangt man zum heute verlassenen Kloster Antifonitís mit bedeutenden Wandmalereien, die ursprünglich die ganze Kirche bedeckten. Erhalten ist vor allem Christus Pantokrator in der Kuppel. Bis 1974 wurden gut erhaltene Wandmalereien herausgeschnitten, sie tauchten später teilweise im Kunsthandel wieder auf.

■ ca. 6 km von Esentepe, April–Okt. 8–17, Winter 8–15.30 Uhr, Eintritt 7 TL

32 St. Hilarion

(7) *Die am besten erhaltene Burg Zyperns hat ein Traumlage*

Auf steilen 725 m Höhe ragt die Burgruine in den meist blauen Himmel. Würde man die landschaftlich reizvollsten mittelalterlichen Festungen Europas aufzählen, so müsste diese einen der ersten Ränge einnehmen:

Top-Lage, Top-Aussicht, auf der einen Seite die fruchtbare Mesaória-Ebene, auf der anderen Seite das Meer. Eine Bilderbuch-Ritterburg, wie geschaffen für eine James-Bond-Filmszene in der östlichen Levante. Filmreif ist die Burg in jedem Fall: Hartnäckig hält sich das Gerücht, Walt Disney habe in St. Hilarion das Modell für »Schneewittchen und die sieben Zwerge« gefunden. An klaren Tagen reicht der Blick hinüber auf das ca. 90 km entfernte Kap Anamur an der kilikischen Küste der Türkei.

Der Ursprung der Burg geht möglicherweise zurück auf einen Eremiten namens Hilarion, der sich diesen Ort als Einsiedelei aussuchte. Um sein Grab entstand im 8. oder 9. Jh. ein Kloster und später eine erste Festung, die bestens geeignet war, Seldschuken und andere Angreifer von der Ferne auszuspähen. »Dídymoi«, Zwillinge, nannten die Einheimischen die beiden hohen Gipfel, doch abenteuersuchende Kreuzritter verstanden – man war ja auf Aphrodites Eiland – »dieu d'amour«. Richard Löwenherz und wenig später der Barbarossa-Enkel Friedrich II. haben St. Hilarion belagert und keinesfalls im Sturm eingenommen. Zurzeit der Lusignan-Herrschaft erhielt die unwirtliche Feste Gemächer und diente als Sommersitz für die königliche Familie, die aus dem in der Ebene liegenden glutheißen Nikosia floh. Der Weg durch die untere und obere Burganlage mit ihren Zisternen, Türmen, Zinnen, Gewölben und Gemächern ist auch auf Englisch beschildert, Pflanzen wie Lentiske, Styrax und Johannisbrot sind mit ihrem lateinischen Namen und in türkischer Übersetzung ausgezeichnet. Kinder finden sicher Gefallen an (schweren) Helmen, Lanzen und Schilden, die in einem Raum zum Ausprobieren liegen, und werden so für den steilen Aufstieg belohnt. Kleinkinder sollten immer an der Hand festgehalten werden, da die Gitterstäbe manchmal sehr breit sind und überall Rutschgefahr besteht.

■ 10 km südwestl. von Girne. Da die Zufahrt an militärischen Anlagen vorbeiführt, ist der Weg nur zu den Öffnungszeiten der Burg und nur mit dem Pkw befahrbar. Wanderer oder Fahrradfahrer werden nicht am Militärgelände vorbeigelassen.

■ April–Okt. 8–18.30 (letzter Einlass 17 Uhr), Nov.–März 8–17 (letzter Einlass 16 Uhr), Eintritt 9 TL

Parken

Es gibt einen Parkplatz direkt unterhalb der Burg.

Restaurants

€€ | The **Kozan** Experience Das von Savas Boransel und seiner maronitischen Familie im Wald betriebene Restaurant mit Panoramablick serviert langsam im Tontopf geschmortes, griechisches »kléftiko« mit Beilagen sowie ein üppiges Bauernfrühstück. Savas begeistert sich seit seinem Studium der Neogräzistik in Finnland für Lachs und bereitet ihn nach zyprischer Art im Schmortopf – Fusionsküche vom Feinsten. ■ 20 km von St. Hilarion nach Westen über die Passstraße, der Weg ist ab der Burg ausgeschildert, bzw. von Girne kommend über Karsyaka (ab hier ausgeschildert); nur mittags geöffnet, Sommer tgl. außer Mo., Winter nur am Wochenende, https://kozanexperience.weebly.com

Von den Resten der Burg St. Hilarion geht der Blick weit über Land und Meer

 Cafés

Lusignan Wo einst fränkische Könige ihre Gäste bewirteten, werden heute frische Zitronenlimo und Orangensaft ausgeschenkt. ■ Im oberen Teil der Burg

 Einkaufen

Honig, Pekmez, Olivenöl und Eingemachtes aus eigener Bio-Produktion verkauft Savas Boransel im Restaurant The Kozan Experience (S. 106).

 Erlebnisse

Reiten Zum Restaurant The Kozan Experience gehört eine Pferderanch, die für Groß und Klein interessante geführte Ausritte in die Umgebung organisiert. ■ Kinder 15 TL/15 Min., Erwachsene ca. 100 TL/Stunde, Reservierung empfohlen unter Mobil 96 47 25 83 oder boransel@gmail.com

 In der Umgebung

Passstraße nach Kozan
| Panoramastraße |

 Die Passstraße ist ebenso reich an Kurven wie an Ausblicken

Unterhalb der Burg St. Hilarion beginnt eine spektakuläre Passstraße (Schild »Kozan Restaurant«), die auf dem Bergkamm Richtung Westen führt. Sie ist teilweise sehr eng, aber gut befahrbar (nur am Tage empfohlen, da keine Beleuchtung) und bietet fantastische Ausblicke über das Meer und in die Mesaória–Ebene. Nach 6,7 km kommt man zu einer Stelle, an der ein von einer Landmine getroffener türkischer Panzer vom 1974er-Krieg in der Böschung liegt – ein beliebtes Fotomotiv bei türkischen Familien. Auf Schautafeln wird die Geschichte Zyperns aus türkischer Sicht erklärt (auch auf Englisch). Die Straße führt zur beliebten Waldgaststätte Kozan und danach hinunter ins

Im Blickpunkt

Militär in Zahlen

Zypern ist gemessen an seiner Bevölkerung eines der am meisten militarisierten Länder der Welt. Das ist besonders in Nordzypern offensichtlich, wo viele Kasernen und Militäranlagen stehen. Wie viele Besatzungssoldaten im Norden stationiert sind, bleibt das große Geheimnis der türkischen Armee, gegenwärtig gehen die Schätzungen auf 36 000 Mann. Die türkisch-zyprische Garde des international nicht anerkannten Nordzypern stützt sich auf etwa 5000 Soldaten, die Nationalgarde der Republik Zypern auf 12 700 Mann (es besteht Wehrpflicht von 14 Monaten), die von rund 1200 griechischen Soldaten unterstützt werden. Zusätzlich hält Großbritannien die Militärbasen Dhekelia und Akrotiri im Süden mit ca. 3600 Militärs und zivilen und militärischen Angestellten plus deren Familien (insgesamt ca. 8000 Personen). Die UN-Friedensmission UNFICYP (United Nations Peacekeeping Forces in Cyprus) umfasst rund 1050 Personen, die das Waffenstillstandsabkommen vom 16.8.1974 und die 180 km lange und zwischen 6 m und 7 km breite Pufferzone überwachen. Trotz dieses militärischen Aufgebots ist Zypern ein sicheres Land, das gilt gleichermaßen für beide Inselteile. Die Kriminalitätsrate zählt zu den geringsten überhaupt, und man sollte sich von den vielen Militäranlagen nicht abschrecken lassen.

gleichnamige Dorf, wo man einen Blick in die frühere Kirche werfen kann. Sie wird seit 1974 als Moschee genutzt. Bis zur türkischen Invasion hieß das Dorf »Lárnaka tis Lapíthou« und war zu diesem Zeitpunkt ausschließlich von griechischen Zyprioten bewohnt. Der Rückweg nach Girne erfolgt über die Küstenstraße.

33 Güzelyurt
Mórphou

In dem charmanten Provinzstädtchen ist die Zeit stehen geblieben

Bis 1974 war die Gegend um Mórphou das Zentrum des Orangenanbaus in Zypern. Doch der Krieg hat viele Orangenfelder vernichtet, und die Stadt döst in provinziellem Schlaf. Eine orthodoxe Kirche dient als Tanzschule, die Markthalle ist gesichtslos.

 Sehenswert

Ágios Mamás
| Klosterkomplex |
Über 60 Gotteshäuser sind dem zyprischen heiligen Mamás, der insbesondere von Steuerflüchtigen verehrt wird, auf der Insel geweiht. Der Klosterkomplex wurde im 18. Jh. über gotischen und byzantinischen Vorgängerbauten errichtet und beherbergt das Kenotaph des Heiligen, welches dem Glauben zufolge einen gegen Ohren- und Augenleiden wirksamen Balsam ausschwitzt. Gläubige stecken dafür ein mit heilsamem Öl benetztes Tuch durch zwei Löcher in den Sarkophag. Der obere Teil der Ikonostase ist feinstes Schnitzwerk des 16. Jh. Die Ikonen wurden aus verschiedenen Kirchen zusammengetragen.

■ Hauptplatz, tgl. 8–18, Winter bis 15.30 Uhr, Kombiticket mit archäologischem Museum 9 TL

Archäologisches Museum und Naturkunde-Museum
| Museen |

Im ehemaligen Gebäude des orthodoxen Metropoliten befindet sich im Erdgeschoss eine Sammlung ausgestopfter Tiere. Im oberen Stockwerk sind archäologische Funde vom Neolithikum bis in die byzantinische Epoche zu sehen. Größter Stolz ist eine in Sálamis ausgegrabene Artemis-Skulptur.
■ Hauptplatz, Mo–Sa 9–18, Winter 8–15.30 Uhr, Kombiticket mit Kirche 9 TL

 Restaurants

€ | **Kardeşler** Spezialität des Dönersalons ist mit Minze gewürzter Ayran und Iskenderkebab aus gepresstem Hammelfleisch mit Dorfjoghurt – auch zum Mitnehmen. ■ Şehit Hicri Gümüş Sokak, Tel. +90 39 27 14 55 10

 Cafés

Gaziantep'li Çagdas Kleiner Eis- und Baklavasalon mit großer Auswahl an köstlichen Pistazien-Desserts. Auch zum Mitnehmen. ■ Ecevit Caddesi

 In der Umgebung

Mavi Köşk/Blue House
| Museum |

Inmitten eines Militärgeländes liegt die 1957 erbaute Villa von Byron Pavlídes, einem Italiener mit griechischen Wurzeln, der als Waffenhändler und Partygänger eine zwielichtige schillernde Figur seiner Zeit war. Seine Villa wird heute propagandistisch genutzt: Hier wird gezeigt, wie griechische Zyprioten angeblich in Saus und Braus lebten, während die türkischen Zyprioten unterdrückt wurden. Der Besuch ist in jedem Fall ein Erlebnis, weniger wegen der verstaubten, teils poppigen, teils biederen Möblierung, sondern wegen der Erklärungen und Fotos.
■ Ab Myrtou ausgezeichnet beschildert, Anfahrt nur mit dem Pkw, am Eingang zur Kaserne muss ein Ausweis hinterlegt werden; Di–So 10–16 Uhr

34 Lefke
Léfka

Die ehemalige Bergbaustadt blickt auf eine lange osmanische Tradition zurück

Für das Beste im noch unberührten Westen von Nordzypern fährt man hinter Güzelyurt in Richtung Tróodos, passiert zunächst den neuen Universitätscampus von Lefke und gelangt schließlich in das von Dattelpalmen umgebene Dorf, das seit dem 16. Jh. osmanisch geprägt ist. Wer noch einen Hauch von Orientzauber auf Zypern entdecken möchte, ist hier richtig. Os-

ADAC *Wussten Sie schon?*

In der orthodoxen Kirche gibt es unzählige **Lokalheilige.** Sie bewirken Wunder, heilen Krankheiten und kümmern sich sogar um Alltagsprobleme. Der auf einem Löwen reitende heilige Mamás befasst sich nicht nur mit Steuersachen, sondern hilft auch bei Halsweh. Man begegnet ihm z. B. auf Ikonen und Wandmalereien in Güzelyurt, aber auch in der Kirche von Asínou oder dem Tímios Stavrós tou Agiasmáti.

ADAC *Mittendrin*

> **(23)** Die **Hadra** ist ein spirituelles Ritual, in dem Gläubige die Präsenz Gottes spüren. Dies geschieht durch gemeinsame Gebete, Tänze und Rezitativgesänge. Besucher aller Konfessionen sind willkommen und auch eingeladen mitzumachen (die Rituale sind nach Geschlechtern getrennt). Oft sind deutschsprachige Anhänger des Ordens anwesend, die sich Zeit für ein Gespräch nehmen. Die Hadra findet immer nach dem Freitagsgebet statt. Das Zentrum des Naqshbandi-Ordens befindet sich neben der Pir Paşa Moschee. *Freitags 13.45 Uhr, Pir Paşa Moschee, Fadil Nekipzade Caddesi*

manische Erkerhäuser, Moscheen und sogar eine Fußgängerzone bieten ein intaktes Dorfbild. Aus britischer Zeit stammen einige Kolonialbauten. Das Dorf ist auch Wallfahrtsort für Anhänger des Sufi-Ordens der Naqshbandi-Hakkaniye. Sie besuchen das Grab des 2014 verstorbenen, verehrten Scheich Nazim, eines türkischen Zyprioten. Der in Oxford ausgebildete Mediziner hat viele todgeweihte Kinder geheilt, sein Ruf wirkte weit über die Grenzen Zyperns. Der zum Islam konvertierte Sänger Cat Stevens, Sohn eines griechischen Zyprioten, war viele Jahre lang regelmäßig bei Scheich Nazim zu Gast.

In der Umgebung

Soli
| Ausgrabung |
Von den noch im 18. Jh. bezeugten Tempeln und Toranlagen der einst bedeutenden römischen Stadt ist

nicht mehr viel übrig geblieben, sie wurden im ägyptischen Hafen von Port Said verbaut. Erst im 20. Jh. gruben schwedische Archäologen das Theater aus dem 2. Jh. n. Chr. aus. Es fasste vormals 4000 Zuschauer und wurde restauriert. Nur ein kleiner Teil der weitläufigen alten Stadt ist sichtbar. Unter einem riesigen Zeltdach liegen die Fundamente einer Basilika aus dem 5. Jh. mit schönen Tiermosaiken.
■ ca. 2 km westlich von Lefke, 8–18 Winter bis 15.30 Uhr, Eintritt 9 TL

Vouní
| Ausgrabung |
Auf einem 235 m hohen Hügel lag einst der auf 480 v. Chr. datierte Palast von Vouní, über den keine bekannte antike Quelle berichtet und dessen Name unbekannt ist (»vouní« bedeutet lediglich »Hügel«). Schwedische Archäologen haben an die 140 Räume inklusive luxuriösem Spa ausfindig gemacht, von denen nur noch Fundamente stehen. Die orientalische Bauweise gab Anlass zur Vermutung, hier hätten einst persische Satrapen residiert. Später wurde der Palast umgebaut und ein Athenatempel errichtet. Schon die Fahrt über die Serpentinen hinauf ist lohnend, besonders zum Sonnenuntergang. Der Blick auf Meer und Tróodosgebirge ist überwältigend.
■ Tgl. 9–18, Winter bis 15.30 Uhr, Eintritt 7 TL

Aspava
| Restaurant |
€ | Lassen Sie Ihre Kinder auf dem Restaurantschiff Piraten spielen, während Sie »balik« (Fisch) genießen und auf die Piers schauen. Auch Zimmervermietung. ■ Ecevit Caddesi, Tel. +90 39 27 27 76 21

Übernachten

Rund um Girne konzentriert sich Nordzyperns Tourismusindustrie – zu Recht, denn die Stadt liegt zentral und ist gut angebunden. Von hier erkunden Sie bequem ganz Nordzypern und erreichen über die Schnellstraße in einer halben Stunde die Hauptstadt Nikosia. Noch schöner ist es in Beylerbeyi (Béllapais) mit Ausblick auf Stadt, Land und Küste.

Girne 100

€ | **The Lord's Residence Boutique Hotel** Britisches Kolonialgebäude mitten in der City: nicht leise, aber gutes Preis-Leistungs-Verhältnis. In Zimmer Nr. 2 finden auch Familien Platz. ■ Canbulak Sokak 1, Tel. +90 53 38 20 04 04, www.lordsresidence.com

€€€ | **The Arkin Colony Hotel** Klassisch-elegant eingerichtetes Traditionshaus mit kolonialem und osmanischem Flair. Auch wer hier nicht übernachtet, sollte zumindest einen Brandy Sour auf der Dachterrasse mit Blick auf das Pentadáktylos-Gebirge schlürfen. ■ Ecevit Caddesi, Tel. +90 39 26 50 06 50, www.thecolonycyprus.com

Bei Güzelyurt 108

€ | **Aspava** Direkt am Strand bietet das Restaurant auch (einfache) Zimmer. ■ Yedidalga, Ecevit Caddesi, Soli-Vouní-Road, Tel. +90 39 27 27 76 21

Lefke 109

€ | **Lefke Gardens Hotel** Das Haus aus osmanischer Zeit ist etwas in die Jahre gekommen, aber immer noch sehr charmant. Alle Zimmer gehen auf den blumengeschmückten Innenhof mit Pool. ■ Fadıl Nekipzade Caddesi 22, Tel. +90 39 27 28 82 24, www.lefkegardens-hotel.org

ADAC *Das besondere Hotel*

Bellapais Gardens trägt seinen Namen zu Recht: In der großzügigen Gartenanlage im Zitrushain verteilen sich 17 gepflegte Châlets. Vom palmengesäumten Pool fällt der Blick auf die am Abend romantisch beleuchtete Abtei und auf Stadt und Meer. Der charmante Inhaber und Gentleman Sabri Abit spricht vorzüglich Deutsch. €€ | *Bellapais Gardens, Crusader Road, Girne, Tel. +90 39 28 15 36 55, www.bellapaisgardens.com*

Von Famagusta auf die Halbinsel Karpaz

Fernab vom Massentourismus liegen lange Sandstrände, Dünenlandschaften, verschlafene Dörfer ... und eine bedeutende Ausgrabung

Der Legende nach hatte Famagusta einst 356 Kirchen – für jeden Tag des Jahres eine! Das ist natürlich völlig übertrieben, aber tatsächlich war die östlichste Stadt Zyperns im Mittelalter ein wichtiger Handelsplatz, über den Waren wie Stoffe und Gewürze aus dem Orient umgeschlagen und zum Export nach Mitteleuropa vorbereitet wurden. Stumme Zeugen des unermesslichen einstigen Reichtums dieser Stadt sind die gotischen Kathedralen, die längst in Moscheen verwandelt wurden – ein für Zypern nicht ungewöhnlicher clash of civilizations. Der massive Festungsring von Famagustas Altstadt ist hervorragend erhalten und bietet von oben den perfekten Blick auf Kuppeln, Minarette, gotische Bögen, verwinkelte Gassen und den Freihafen. Weiter nördlich liegt eine der bedeutendsten Ausgrabungsstätten des Mittelmeers: Die Stadt Sálamis war 1700 Jahre die wichtigste Stadt Zyperns, bis Erdbeben und Piratenüberfälle ihr ein Ende setzten. Im Sommer wird das antike Theater noch genutzt – besonders in Vollmondnächten ein unvergessliches Erlebnis unter dem funkelnden zyprischen Sternenhimmel. Entschleunigung pur finden Naturliebhaber auf dem »Pfannenstiel«, der langen, nordostwärts zeigenden Halbinsel Karpaz. Badespaß bieten schöne, ausgedehnte Strände, und verschlafene Dörfer locken zum Bummel oder einem türkischen Mokka bei süßem Nichtstun. Nicht selten versperren zutrauliche Wildesel die einzige Zufahrtstraße und lehren den eiligen Städter Geduld und Achtsamkeit.

In diesem Kapitel:

ADAC Top Tipps:

Sálamis
| Ausgrabung |

Zyperns bedeutendste archäologische Ausgrabungsstätte ist noch längst nicht vollständig entdeckt – zwischen Königsgräbern und Theater wird weiterhin gegraben.

 Golden Beach
| Strand |
Dünen, Weite und Natur pur, ob zum
Baden, Picknicken oder Barfußwan-
dern. Dieser Strand ist ein Genuss für
alle Sinne, und schon der Ausblick
von oben ist die Fahrt wert. 118

ADAC Empfehlungen:

 Petek, Famagusta
| Café |
Süße orientalische Köstlichkeiten wie
Ekmet, Baklava, Helva oder Lokum
gibt es in der inselweit bekannten
Konditorei. 115

 Alevkayalı, Yeni Erenköy
| Restaurant |
Fangfrischer Fisch direkt am Meer ...
und bis er fertig ist, springt man noch
schnell ins Wasser. Genuss und Erho-
lung pur! 119

35 Famagusta

Der einst wichtigste Hafen Zyperns liegt heute im Dornröschenschlaf

 Information

■ Touristen-Information im Landtor (Akkule), 8–19.30, Winter 9–17.30 Uhr, Tel. +90 39 23 66 28 64

Die östlichste Stadt Zyperns blickt auf eine große Vergangenheit zurück und hat viele Namen: Die Griechen nennen sie Ammóchostos, »die im Sand Versunkene«, im Türkischen heißt sie Gazimağusa, die Franken nannten sie Famagouste. Wer sie besucht, tut dies wegen der überschaubaren Altstadt. Der heutige Freihafen ist nur noch ein Schatten seiner Vergangenheit, als ein Großteil des Orienthandels über diesen einst größten Hafen der Levante umgeschlagen wurde und die Stadt unermesslich reich machte. Kirchenstümpfe, Bruchstücke von Palästen und dicke Festungsmauern erinnern an die große Epoche der Franken, Venezianer und Genuesen. Die Stadt dümpelt, und genau das macht sie so charmant und authentisch. Außerhalb des Mauerrings sind die Wohnblocks zersiedelt. Viele junge Leute aus Asien und Afrika studieren an privaten Hochschulen und geben der Stadt einen Hauch von Internationalität zurück.

 Sehenswert

Akkule

| Landtor |

9 m dick, 3,5 km lang, 15 m hoch – die venezianischen Festungsmauern der Altstadt trotzten elf Monate lang dem osmanischen Dauerangriff, bis sich die

Stadt schließlich am 4. August 1571 ergeben musste und eine weiße Fahne schwenkte – »Akkule« bedeutet »weißer Turm«.

Peter-und-Paul-Kirche

| ehemalige Kirche |

Wie so viele Gotteshäuser wurde diese gotische Kirche von einem Kaufmann nach erfolgreichem Handel gestiftet. Sie entging der Zerstörung während der Türkenherrschaft durch Umwandlung in die Sinan-Paşa-Moschee. Die Briten lagerten hier Lebensmittel, heute ist das Gebäude verschlossen.

■ Mehmet Çelebi Sokak 28

Palazzo del Provveditore

| ehemaliger Palast |

Die Lusignan-Könige verfügten über zwei Residenzen auf Zypern: in Nikosia und hier, wo Feierlichkeiten mit großem Pomp begangen wurden. Unter den Venezianern diente der Palast als Gouverneurssitz. Das Gebäude ist nur noch in Teilen erhalten und gewinnt mit der abendlichen Beleuchtung.

■ Namık Kemal Sokak, nur von außen

Lala Mustafa Paşa Cami (ehem. Nikolauskathedrale)

| Moschee |

Das beeindruckende Bauwerk stellt ein vorzügliches Beispiel gotischer Architektur des frühen 14. Jh. dar. Bis 1372 diente die Galerie über den Portalen den Krönungsfeierlichkeiten: Die Lusignan, als Könige von Zypern bereits in Nikosia gekrönt, setzten sich hier die Krone des Königs von Jerusalem aufs Haupt – ein seltsam anachronistisches Spektakel, denn die Kreuzritter hatten bereits 80 Jahre zuvor Jerusalem verloren. Das großartige Westportal der 1326 erbauten Kathedrale zitiert die

Hier feierten die Lusignan rauschende Feste

Fassade von Reims. Auch die Nikolauskathedrale wurde in eine Moschee
umgewandelt und ihres Skulpturen-
schmucks beraubt. Dabei wurde die
Glasmalerei zerschlagen, der Altar ab-
gerissen, und alle Einrichtungsgegenstände wurden zerstört.
■ Namık Kemal Meydanı, nur außerhalb
der Gebetszeiten

Othello-Turm
| Zitadelle |
Die in den Altstadtring integrierte
viereckige Bastion wurde in venezianischer Zeit erweitert. Shakespeare be-
zeichnete in seinem »Othello« Famagusta zu Recht als »Seehafen von
Zypern«, doch der stellvertretende
Gouverneur von 1506, Christoforo Mo-
ro, ist nicht mit Othello zu verwech-
seln. Der Verkehrsindustrie schadet
der berühmte Name nicht. Von der
Festung hat man einen schönen Blick
über Hafen und Stadt.

■ Yesil Deniz Caddesi, Mo–Fr 8–19, Winter 8–15.30 Uhr, Eintritt 9 TL

Porta del Mare
| Tor |
Dieses zweite historische Eingangstor
in die Stadt öffnet sich zum Hafen. Die
Innenseite wird von einem steinernen
Löwen bewacht.

 Restaurants

€€ | **Nar Mutfağı** Einheimischen-Treff
am Eingang zur Altstadt, frisch zube-
reitete Hausmannskost. ■ Dr. Ramiz
Gökçe Sokak 28, Tel. +90 39 23 66 55 06

 Cafés

Petek Baklava, Ekmek, Kataífi,
Torten, Reispudding … an der
bekanntesten Konditorei Zyperns
geht keiner vorbei. ■ Yesil Deniz Sokak
1, tgl. bis 20 Uhr

In der Umgebung

Énkomi

| Ausgrabung |

Énkomi ist eine bronzezeitliche Gründung und entwickelte sich um 1500 v. Chr. dank der Kupferbearbeitung zu einer blühenden Stadt mit ca. 15 000 Einwohnern, die auf Tontafeln in der gesamten Levante erwähnt wird. Bedeutende Funde sind im archäologischen Museum in Nikosia ausgestellt. Das Gelände ist heute eher für Fachleute interessant.

■ ca. 9 km nordwestl. von Famagusta hinter dem Dorf Tuzla, Sommer 8–19, Winter 8–15 Uhr, Eintritt 7 TL

Barnabas-Kloster

| Kloster |

Der zypriotische Nationalheilige Barnabas hatte sich dem Apostel Paulus bei seiner Missionsreise angeschlossen. Sein eigenhändig geschriebenes Matthäus-Evangelium wurde Barnabas an dieser Stelle mit ins Grab gegeben und diente bei der Auffindung der Gebeine 400 Jahre später als wichtiges Indiz für die apostolische Gründung der zyprischen Kirche (s. links »Im Blickpunkt«). Die Grabkapelle steht etwas außerhalb des ehemaligen Klosters, das heute ein archäologisches Museum beherbergt.

■ ca. 8 km nördl. von Famagusta, Sommer 8–19, Winter 8–17Uhr, Eintritt 9 TL

Im Blickpunkt

Die Autokephalie der zyprisch-orthodoxen Kirche

Im Gegensatz zur katholischen Kirche unterstehen die orthodoxen Kirchen keinem Patriarchen oder einer Synode eines anderen Landes. Sie wählen ihren Erzbischof selbst und sind unabhängig, d.h. autokephal. Als Begründung führen sie meist die Gründung durch einen Apostel heran. Zyperns Kirche wurde während der Missionsreise der Apostel Paulus und Barnabas im Jahr 45 gegründet. Juristisch festgelegt wurde die Autokephalie während des 3. Ökumenischen Konzils von Ephesos. Wenig später gestand der byzantinische Kaiser dem Erzbischof von Zypern kaiserliche Privilegien zu, die bis heute Gültigkeit haben: das Tragen eines Purpurmantels und eines Zepters statt eines Hirtenstabs sowie das Recht, mit roter Tinte zu unterschreiben. Die zyprisch-orthodoxe Kirche mit ihren rund 700 000 Gläubigen wird von Erzbischof Chrysostomos II. geführt und gehört zu den ältesten orthodoxen Kirchen.

36 Sálamis

 Von Homer »Stadt der schönsten Bauwerke« genannt

Noch längst sind nicht alle Überreste des am Sandstrand gelegenen Stadtkönigtums Sálamis, auch »weiße Stadt am Meer« genannt, ausgegraben. Sálamis erlebte seinen Aufschwung, als Énkomi nach einem Erdbeben 1075 v. Chr. verlassen worden war, und blieb 1700 Jahre lang Zyperns reichste und wichtigste Stadt. Gegründet wurde sie von Teúkros nach seiner Rückkehr vom Trojanischen Krieg. Unter König Evágoras (411–374 v. Chr.) stieg Sálamis zu einem wichtigen politischen und kulturellen Zentrum der hellenischen Welt auf. Nach mehreren Erdbeben im 4. Jh. n. Chr. wurde die Stadt ein letztes Mal in byzantinischer Zeit aufgebaut, bis sie durch Arabereinfälle zerstört wurde. Da die Reste der Stadt weit verstreut liegen, ist ein Auto ratsam.

 Sehenswert

Königsgräber

| Ausgrabungen |

Die reiche Grabausstattung, die der epischen Erzählung über die Beisetzung des Pátroklos in der Ilias entspricht, brachte den Beweis für eine königliche Nekropole. Während goldene Schätze längst ein Opfer von Grabraub geworden waren, stieß man auf Skelette von Sklaven und Pferden, die man noch immer vor Ort sehen kann. Sensationell und einmalig sind die elfenbeinverzierten Möbelstücke, die heute im archäologischen Museum von Nikosia zu bewundern sind. An Sonnentagen trifft man im Gräberfeld häufig auf den anderswo zur Seltenheit gewordenen Harun, eine zyprische Echsenart, von den Einheimischen auch spaßhaft das »zyprische Krokodil« genannt. Gefährlich ist er allerdings überhaupt nicht.

■ Zwischen Barnabas-Kloster und dem Ausgrabungsareal, Mo–Fr 8–15.30 Uhr, Eintritt 7 TL

Gymnasium und Bäder

| Ausgrabungen |

Die eindrucksvolle Palästra, ein von vier Säulenhallen umgebener Sportplatz, gehört in die Zeit des Wiederaufbaus unter Kaiser Constantius. In der Südwestecke hat sich eine Halbkreisanlage von Gemeinschaftslatrinen für 44 Personen erhalten. Viele Gebäude,

Vier Säulenhallen umgaben einst den Sportplatz in Sálamis

besonders die Thermen, zeigen römisches Mauerwerk und Mosaiken im spätrömischen Stil. Sehenswert sind außerdem das Stadium, ein noch heute gelegentlich genutztes Theater, das in der Antike 15 000 Zuschauern Platz bot, Fundamente einer frühchristlichen Basilika, das Forum und wenige Reste eines Zeustempels.

■ 8 km nördl. von Famagusta, tgl. 8–19, Winter bis 15.30 Uhr, Eintritt 10 TL

 Erlebnisse

Eine Aufführung im antiken Theater von Sálamis ist einfach unvergesslich. Doch auch an anderen Orten organisiert die Stadt Famagusta jeden Sommer (Juni/Juli) ein vielfältiges Musik- und Theaterprogramm. ■ www.magu sa.org oder in der Touristen-Information von Famagusta

37 Halbinsel Karpaz

*Die Landzunge punktet mit Natur-
stränden und verschlafenen Dörfern*

Ausgedehnte Johannisbrotfelder säu-
men den Weg an die nordöstliche
Spitze, den »Pfannenstiel« Zyperns.
Nach den ersten Regenfällen werden
die Wiesen grüner, fast könnte man
sich in Irland wähnen. Die an der
Hauptstraße stehende Kirche Ágios
Thýrsos ist nur von außen schön, doch
innen immerhin gepflegt. Pappikonen
ersetzen die fehlenden Bilder an der
einstigen Ikonostase. Hinter Dipkarpaz
tauchen bald wilde Esel, die ersten
Traumstrände und herrliche Picknick-
plätze auf. 240 orthodoxe zyprische
Griechen leben noch in der Gegend.
Vor der Öffnung der Grenze wurden sie
von den UNO-Soldaten versorgt. Sie
besuchen griechischsprachige Schulen und habe einen eigenen Priester.

*Nur Strand, so weit das Auge reicht – der
Golden Beach bietet Erholung pur*

Sehenswert

Karpaz Gate Marina
| **Jachthafen** |

An der Nordküste der Halbinsel, zwi-
schen der Kaplica und der Karpaz
Natural Bay gelegen, liegt diese High-
Class-Marina mit allen Annehmlichkei-
ten für den weltgewandten Skipper:
Hemingway's Resto Bar, Beach Bar,
Pool, Strand, Fitnesscenter usw.
■ Yeni Erenköy, www.karpazbay.com

Golden Beach
| **Strand** |

 10 *Der 2 km lange Dünenstrand ist
ein Naturparadies*

Ein Glück, dass die Halbinsel Karpaz
Naturschutzgebiet ist und somit Dünen und Landschaft unverbaut erhalten blieben. Nur ein paar Holzhütten
mit Ausblick sind oberhalb des Strandes zu mieten, ansonsten ist dies der
perfekte Platz zum Sonnen, Baden,
Laufen und Entschleunigen.
■ Rechter Hand hinter Dipkarpaz Richtung Kap

**Apostolos Andreas Manastırı
(Monastíri Agíou Andréa)**
| **Kloster** |

Die ehemalige Klosteranlage aus dem
19. Jh. ist ein beliebtes Pilgerziel für
Ausflügler aus dem Südteil Zyperns.
Der Apostel Andreas wird hier als
Schutzheiliger der Reisenden (die in
der Tat eine lange Anreise haben) und
Kranken verehrt. Eine Quelle soll wun-
dertätiges Heilwasser spenden. Auf
dem Riesenplatz wird allerlei Ramsch,
aber auch Olivenölkosmetik zum Verkauf angeboten. Für die wilden Esel,
die überall auf der Halbinsel frei her-
umlaufen, gibt's Karotten.
■ Karpaz Anayolu, Dipkarpaz

Restaurants

€ | **Oasis** Herrlich über dem Meer und einem römischen Hafen gelegenes Hotel-Restaurant mit köstlicher Grillplatte. Perfekt zum Sonnenuntergang. ■ Dipkarpaz, bei der Ágios Phílon-Ruine, Tel. +90 54 28 56 50 82, www.oasishotel karpas.com

(25) €€ | **Alevkayalı** Wer frischen Fisch liebt, ist hier richtig. Im Kühlschrank darf man sich das beste Stück aussuchen. Dazu jede Menge Dips und aufmerksamer Service. Den Blick aufs Meer gibt's umsonst dazu. ■ Yeni Erenköy, Tel. +90 53 38 76 09 11

 Einkaufen

Karpaz-Olivenmühle Olivenöl, Olivenseife, Olivencremes, Karobensirup, Wein und einheimisches Bier verkauft der gut bestückte Shop der Karpaz-Olivenmühle. ■ Çayırova, Yeni Iskele, Tel. +90 39 23 83 24 11

 Erlebnisse

Tauchen Mephisto Diving führt Tauchbegeisterte an 14 Tauchplätze in bis zu 40 m Wassertiefe. Kurse bietet die Padi-zertifizierte Tauchschule auch schon für die ganz Kleinen (ab 8 Jahren) an. ■ In der Karpaz Gate Marina, Yeni Erenköy, Tel. +90 53 38 67 37 74, www.me phisto-diving.com

Turtle Project Im Sommer informieren freiwillige Helfer der Schildkrötenschutzstation in mehreren Sprachen über die gefährdeten Panzertiere und organisieren Nestkontrollen und Nachtbeobachtungen – ein spannendes Erlebnis für die ganze Familie. ■ Alagadi Turtle Beach, Gözübüyük, www. cyprusturtles.org, Juni–Sept.

Im Blickpunkt

Zyperntürken und Türken vom Festland

Durch die Stationierung von türkischen Soldaten im Norden und der seit Ausrufung der international nur von der Türkei anerkannten »Republik Nordzypern« im Jahr 1983 massiven Ansiedlung von Siedlern aus Anatolien hat sich die Demografie des besetzten Inselteils nachhaltig verändert. Größte Verlierer des Zypern-Konflikts sind die Zyperntürken selbst, die sich kulturell den Zyperngriechen näher als den türkischen Siedlern fühlen. Ein Großteil der türkisch-zypriotischen Intelligentsia war nach der Invasion ins Ausland abgewandert. Erst mit dem Beitritt Zyperns zur EU und dem Recht, auch als Zyperntürke die südzypriotische Staatsangehörigkeit zu erwerben, haben viele der durch das Zusammenleben mit der griechischen Mehrheit und den britischen Kolonialherren eher säkular geprägten Zyperntürken wieder den Weg in die Heimat zurückgefunden. Seitdem die Grenzen offen sind, arbeiten und wohnen sie im Nord- oder Südteil der Insel und beobachten mit Sorge eine zunehmende, von Erdoğan betriebene Islamisierung ihrer Heimat, in der überall riesige moderne Moscheen in den Himmel schießen und Imame mit saudischem Geld bezahlt werden. Besucht werden diese Moscheen hauptsächlich von konservativen anatolischen Zuwanderern und muslimischen Gastarbeitern.

Übernachten

Nordzypern verfügt über deutlich weniger Hotels als Südzypern. Hinzu kommt, dass etwa 80 % der nordzyprischen Hotellerie auf die Region von Girne konzentriert sind. Bis 1974 lag das Zentrum von Zyperns Tourismus in Famagusta und war weitgehend in der Hand von griechischen Zyprioten, die nach der Teilung der Insel in den Süden flohen und ihren Besitz zurückließen. Dieser ehemalige Hotelkomplex von Varoscha ist heute eine abgesperrte Geisterstadt, Häuser und Hotels stehen leer. Pläne für eine künftige Nutzung nach einer Wiedervereinigung werden seit Langem kontrovers diskutiert, nachhaltige sozial- und umweltverträgliche Vorschläge hat hierzu das Famagusta Ecocity Project (www.ecocityproject. com) unterbreitet.

Famagusta 114

€ | **Betül Guest House** Familiäre, ausgezeichnete Frühstückspension in der Nähe der Sinan-Paşa-Moschee. ■ Kuru Çeşme Sokak 12, Tel. +90 39 23 66 33 00

€ | **Longbeach** Hübsche, familiengeführte Bungalowanlage in einsamer Strandlage, ca. 12 km nördlich von Famagusta, die auch Familienbungalows anbietet. Strandliegen und Sonnenschirme sind hier kostenlos. ■ Karpaz Sahil Yolu, Makkenzi Caddesi Bahçeler Iskele, Tel. +90 39 23 78 90 00, www.longbeach-cyprus.com

€€€ | **Salamis Bay Conti** Ein 5-Sterne-Komforthotel mit sehr gutem Preis-Leistungs-Verhältnis an einem schönen Sandstrand. Ein reiches Sport- und Wellnessprogramm für die ganze Familie. Schöner noch als die Hotelzimmer sind die Minivillen, die sich separat vom großen Komplex um den Pool gruppieren. Wie in allen großen Hotels in Nordzypern gibt es auch hier ein Casino. ■ Yeni Boğaziçi Mahallesi, Tel. +90 39 23 78 82 00, www.salamisbayconti.com

Halbinsel Karpaz 118

€ | **Big Sand Beach** Noch stehen nur sechs einfache Holzhütten am schönsten Strand von Nordzypern. Robinson-Crusoe-Feeling hoch über den Dünen mit Traumblick. Da auch ein Restaurant angeschlossen ist, möchte man gar nicht mehr weg. ■ Dipkarpaz, Karpaz Anayolu, hakankar paz@gmail.com, Tel. +90 53 38 44 13 22

€ | **Revaklı Ev Guest House** Familiengeführte Pension mit vier Zimmern in einem arkadengestützten Steinhaus. Emine kocht göttlich und bietet ihren Gästen ausgezeichnetes Frühstück und Abendessen. ■ Dipkarpaz, Ersinpaşa Mahallesi Akçaabat Sokak, Tel. +90 54 28 74 21 60, www.revakliev.com

€€ | **Arch House** Aus einem alten Gutshaus entstandene Pension mit 16 rustikal eingerichteten Zimmern. Der von griechischen und türkischen Zyprioten gemeinsam bewohnte Ort ist ein ausgezeichneter Ausgangspunkt für Wanderungen, Tiersafaris und Radtouren. ■ Dipkarpaz, Anavatan Sokak, Tel. +90 53 38 20 67 89, www.north-cyprus. travel/Karpaz_Arch_Houses-Dipkarpaz

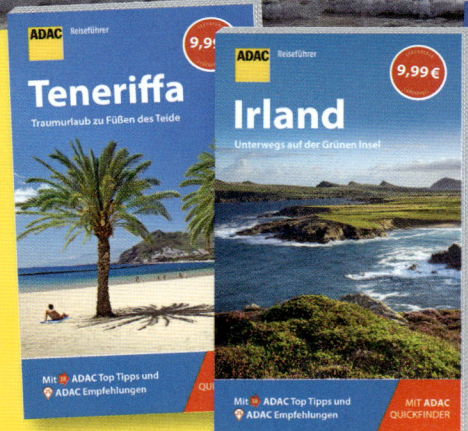
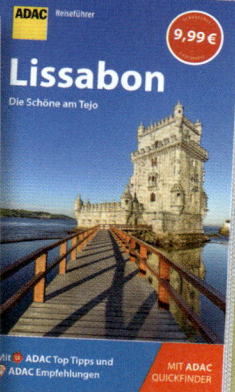

ADAC *Service Zypern*

Beim **ADAC Infoservice**, in den **ADAC Geschäftsstellen** sowie auf dem **Internetportal des ADAC** (www.adac.de) erhalten Sie Informationen zu den Dienstleistungen des Automobilclubs und zu Ihrem Reiseziel. Als **ADAC Mitglied** können Sie zudem das kostenlose, digital erhältliche **ADAC TourSet® Zypern** mit vielen Reiseinfos und Karten anfordern oder die **TourSet App** auf dem **Smartphone** oder **Tablet-PC** installieren (www.adac.de/toursetapp). Rufen Sie bei Notfällen und Pannen den **ADAC Notruf** bzw. den **ADAC Auslandsnotruf** an. Unser Team steht Ihnen rund um die Uhr zur Verfügung.

ADAC Infoservice
Tel. 0 800/510 11 12
Infos zu allen ADAC Leistungen
(Mo–Sa 8–20 Uhr, gebührenfrei)

ADAC Notruf Deutschland
Tel. 0 180/222 22 22
(24 Std., ca. 6 ct/Anruf, max. 42 ct/Min.
aus deutschem Mobilfunknetz)

ADAC Notruf Mobil-Kurzwahl
Tel. 22 22 22
(Gebühren variieren je nach
Netzbetreiber)

ADAC Auslandsnotruf
Tel. +49/89/22 22 22
(Gebühren variieren je nach
Netzbetreiber und Land)

Internet-Serviceangebote des ADAC für Ihre Reiseplanung

Service	Webadresse
Aktuelle Verkehrslage	www.adac.de/verkehr
ADAC Routenplaner	www.adac.de/maps
Infos zu Tankstellen und Spritpreisen	www.adac.de/tanken
Infos zu mautpflichtigen Strecken	www.adac.de/maut
Infos zu Fährverbindungen	www.adac.de/faehren
ADAC TourMail (Aktuelle Infos vor Anreise)	www.adac.de/tourmail
Informationen für Camper	www.adac.de/camping
Informationen für Motorradfahrer	www.adac.de/motorrad
Informationen für Segler und Skipper	www.adac.de/sportschifffahrt
ADAC Reiseangebote	www.adacreisen.de
ADAC Autovermietung	www.adac.de/autovermietung
ADAC Versicherungen für den Urlaub	www.adac.de/versicherungen
Weltweite Preisvorteile für ADAC Mitglieder	www.adac.de/vorteile-international

Diese **Produkte des ADAC** könnten Sie interessieren: **ADAC Reiseführer Rhodos**, **ADAC Reiseführer Kreta** – erhältlich im Buchhandel, bei den ADAC Geschäftsstellen und in unserem ADAC Online-Shop (www. adac.de/shop).

Anreise und Einreise

Die Insel Zypern ist seit 1974 faktisch geteilt. Die international anerkannte Republik Zypern übt die tatsächliche Kontrolle allerdings nur im Südteil der Insel aus, nicht hingegen im Nordteil, der durch eine Demarkationslinie (Grüne Linie/Green Line) vom Südteil abgegrenzt ist. Nur die Türkei erkennt den von ihr besetzten Nordteil, etwa 37 % der Inselfläche, als eigenständigen Staat (»Türkische Republik Nordzypern«, TRNZ) an. Aus diesem Grund sind besondere Einreiseformalitäten zu beachten.

Flugzeug

Die **Republik Zypern** verfügt über zwei internationale Flughäfen, **Lárnaka** und **Páphos** (www.hermesairports.com). Ganzjährig fliegen nonstop nach Lárnaka: Lufthansa von Frankfurt und München, Austrian Airways von Wien sowie Swiss von Zürich. Darüber hinaus bestehen ganzjährig zahlreiche Umsteigeverbindungen mit Linienfluggesellschaften und Star-Alliance-Partnern, z.B. mit Aegean Airlines via Athen. Als Nachfolgegesellschaft der insolventen Cyprus Airways bedient Cobalt Air Direktverbindungen von Frankfurt, Zürich und Genf nach Lárnaka. EasyJet fliegt ganzjährig von Basel/Freiburg und Berlin-Schönefeld nonstop nach Lárnaka, Ryanair steuert von Berlin-Schönefeld den zweiten internationalen Flughafen in Páphos an. Weitere Direktverbindungen bestehen derzeit mit Germania, Tuifly, Condor und Eurowings ab Hamburg, Düsseldorf, Stuttgart und Hannover. In den Sommermonaten gibt es darüber hinaus weitere Charterverbindungen von zahlreichen Städten.

Bei Einreise über die Flughäfen Lárnaka und Páphos lässt sich problemlos ein Aufenthalt in beiden Inselteilen (Republik Zypern und Nordzypern) gestalten.

Der **Flughafen Ercan** in **Nordzypern** (www.ercanhavalimani.com) kann nur mittels Umsteigeverbindungen über die Türkei (meist in Istanbul) erreicht werden. Die Republik Zypern vertritt den Standpunkt, dass eine Einreise über diesen Flughafen oder die nordzyprischen Seehäfen illegal ist. De facto ist seit dem EU-Beitritt Zyperns im Jahr 2004 kein Passagier strafrechtlich verfolgt worden.

Einreise und Dokumente

Obwohl Zypern seit 2004 ein vollwertiges Mitglied der Europäischen Union ist, findet das Schengen-Abkommen in der Republik Zypern keine Anwendung. Sowohl für die Republik Zypern als auch für Nordzypern reichen für deutsche, österreichische und Schweizer Bürger der noch drei Monate gültige **Personalausweis** bzw. die Identitätskarte oder ein noch drei Monate gültiger **Reisepass** als Einreisedokument aus. Kinder benötigen ein eigenes, noch drei Monate gültiges Reisedokument (Kinderreisepass). Es ist sinnvoll, vor Reiseantritt eine Fotokopie und ein Handyfoto Ihrer Reisedokumente anzufertigen und diese getrennt von den Originaldokumenten aufzubewahren. So sind Sie bei Verlust besser abgesichert.

Überqueren der Demarkationslinie

Seit 2004 können sich EU-Bürger und Schweizer auf der ganzen Insel frei bewegen. Ein Wechsel vom Nordteil in den Südteil und umgekehrt setzt einen gültigen Ausweis (siehe »Einreise«) voraus und ist nur an den unten aufgeführten Übergängen möglich. Es gibt in der Regel keine Warte- oder Aufenthaltszeiten, der Übertritt ist auch mehrmals täglich möglich und unproblematisch. Es ist nicht gestattet, lebende Tiere oder Tierprodukte mitzuführen.

Beim Übergang findet in beiden Richtungen jeweils eine Identitätskontrolle (Reisepass oder Personalausweis) statt. Mit einem Stempel der »Türkischen Republik Nordzypern« im Reisepass kann die Einreise in die Republik Zypern verweigert werden, man reist daher am besten mit Personalausweis/Identitätskarte. Es bestehen keine Beschränkungen mehr hinsichtlich der Dauer von Aufenthalten im Norden. Eine Aufenthaltsgenehmigungspflicht besteht ab einem Aufenthalt von drei Monaten.

Die Fahrt mit einem Mietwagen vom Südteil in den Nordteil der Insel und zurück ist grundsätzlich möglich, vorausgesetzt, die Mietwagenfirma lässt dies zu. Allerdings muss spätestens am Übergang eine Kfz-Haftpflichtversicherung für die Dauer des Aufenthaltes im Norden abgeschlossen werden (Achtung: diese umfasst keine Schäden am gemieteten Auto selbst). Nur wenige Autovermieter aus dem Norden lassen den Übergang in den Süden zu.

■ Ágios Dométios (Metehan) in Nikosia, Lédra Palace in Nikosia – nur zu Fuß, Lédra Street (Lokmaci) in Nikosia – nur zu Fuß, Limnitis (Yeşilırmak) bei Káto Pýrgos, Zodhia (Bostancı) bei Astromeritís, Pérgamos (Beyarmudu) bei Pýla, Strovília (Akyar) bei Ágios Nikólaos. Ab Sommer 2018 werden voraussichtlich zwei weitere Übergänge in Derýneia und in Léfka/Aplikí geöffnet.

Auto und Straßenverkehr

Führerschein und Papiere

Ausländische Autofahrer müssen den nationalen, EU- oder internationalen Führerschein besitzen.

Tempolimits auf Zypern

Straße	Tempolimit
Ortschaft	max. 50 km/h
Landstraße	max. 65 km/h
Schnellstraße	max. 80 km/h
Autobahn	max. 100 km/h

Straßennetz und Sicherheit

Ganz Zypern verfügt über ein gut ausgebautes, modernes Straßennetz. Die Städte der Republik Zypern sind über mautfreie Autobahnen miteinander vernetzt. In der »Türkischen Republik Nordzypern« gibt es keine Autobahnen, allerdings mehrspurige Schnellstraßen zwischen den Städten.

Auch kleinere Ortschaften sind meist über asphaltierte Straßen gut erreichbar. Die Zufahrt zu Schnellstraßen und Ortschaften ist häufig über Kreisverkehre geregelt, die in weiten Teilen Zyperns Ampeln ersetzen.

Verkehrsvorschriften

Auf der gesamten Insel herrscht **Linksverkehr**! Die vor Ort erhältlichen Mietwagen sind rechtslenkende Autos. Es wird rechts überholt. In einen **Kreisverkehr** biegen Sie links ein und fahren anschließend im Uhrzeigersinn. Trotz des Linksverkehrs gilt im Kreisverkehr die Regel »rechts vor links«.

Kontrollen sind häufig (Radargeräte und Straßenpolizei), Verstöße werden mit hohen Bußgeldern vor Ort geahndet. Die **Promillegrenze** liegt in der

Republik Zypern bei 0,5 ‰, im Nordteil Zyperns ist Alkohol am Steuer gänzlich unzulässig. Ohne Freisprechanlage darf während der Fahrt nicht telefoniert werden. Eine halbe Stunde vor Sonnenuntergang muss das **Abblendlicht** eingeschaltet werden. Für Motorradfahrer gilt Helmpflicht.

Verkehrsschilder
Verkehrsschilder sind in der Republik Zypern durchgehend auf Griechisch und Englisch, im Nordteil auf Türkisch und ggf. Englisch beschriftet.

Tanken
Das Tankstellennetz in den Städten und an der Küste ist dicht. An Autobahnen und in Küstenstädten gibt es oft Tankautomaten mit 24-Stunden-Service. In den ländlichen Gebieten sind Tankstellen seltener, und der Service ist bei vielen an den Abenden und Wochenenden eingeschränkt. Angeboten werden bleifreie Kraftstoffe (nur Super) sowie Diesel. Die Bezeichnung für Super Plus ist »Super Unleaded« (98 Oktan), für Superbenzin »Premium Unleaded« (95 Oktan). Die Benzinpreise liegen derzeit (Juni 2018) bei 1,20 € in Südzypern bzw. 0,85 € in Nordzypern. Diesel-Treibstoff vom Nordteil in den Südteil der Insel mitzubringen ist aus Umweltgründen verboten.

Maut
Es gibt keine mautpflichtigen Straßen.

Parken
In ländlichen Regionen finden sich problemlos Parkplätze. Die meisten Sehenswürdigkeiten auf dem Land wie Ausgrabungsstätten, Klöster und Kirchen stellen ihren Besuchern kostenlos Parkplätze zur Verfügung.

Anders gestaltet sich die Parkplatzsuche in den Innenstädten, wo die Straßen häufig eng und überfüllt sind. **Parkhäuser** sind selten, und so empfiehlt es sich, das Auto etwas außerhalb des Zentrums zu parken. Informationen zu Parkplätzen in den einzelnen Städten finden Sie im Reiseführer unter »Parken« (S. 21, 40, 70, 89, 102).
In den Städten werden meist **Parkgebühren** erhoben. Parkscheine können am Automaten gezogen werden. Die Parkdauer ist begrenzt und beträgt häufig nur eine Stunde. Doppelt gezogene gelbe Linien bedeuten »Absolutes Halteverbot«, eine einfach gezogene gelbe Linie bedeutet »Be- und Entladen gestattet«. Kontrollen sind an der Tagesordnung, und das Bußgeld ist hoch. Bußgeldbescheide können auch bei Rückkehr in die Heimat vollstreckt werden.

Unfall
Da wegen des Linksverkehrs das Unfallrisiko für ausländische Autofahrer auf Zypern erhöht ist, ist eine Vollkaskoversicherung ratsam. Nach einem Unfall sollten Sie sofort anhalten, wenn möglich am Straßenrand, die Unfallstelle absichern und Erste Hilfe leisten, wenn nötig. Notieren Sie Kennzeichen, Name und Anschrift von Fahrern und Haltern der beteiligten Fahrzeuge, deren Haftpflichtversicherung und Versicherungsnummer. Notieren Sie auch die Namen eventueller Zeugen und fotografieren Sie die Unfallstelle.
Bei **Personenschäden** müssen Sie zwingend die Polizei (Notruf: 112) verständigen. Auch wenn keine Personen in den Unfall verwickelt sind, sollten Sie die Polizei verständigen und einen Unfallbericht anfordern. Ist der Schaden so klein, dass die Polizei nicht zur

Unfallstelle kommt, steuern Sie die nächste Polizeistation an und lassen den Unfall dort protokollieren. Dies ist für den Versicherungsschutz des Mietwagens wichtig. Geben Sie dem Vermieter des Wagens in jedem Fall sofort Bescheid. Dieser kann Ihnen ggf. ein Ersatzfahrzeug organisieren. Den **ADAC Auslandsnotruf** erreichen Sie bei Fahrzeugpannen und -unfällen unter Tel. +49/89/222222.

Zentralruf der Autoversicherer

■ Auskunftsstelle/GDV, Glockengießerwall 1, 20095 Hamburg, Tel. 0800/250 2600, +49/40300330300, www.gdv-dl.de

Barrierefreies Reisen

Im Vergleich zu anderen Mittelmeeranrainern hat die Republik Zypern in den vergangenen Jahren viel in die Infrastruktur für barrierefreies Reisen investiert. Die **Flughäfen** Lárnaka und Páphos sind vollständig barrierefrei. Im ersten Stock der Abflughalle am Flughafen von Lárnaka wurde ein Servicebüro eingerichtet. Viele **Sehenswürdigkeiten** – archäologische Stätten, Museen und sogar Naturlehrpfade – wurden entsprechend umgerüstet. Dennoch ist vielerorts eine Begleitperson vonnöten. Für Rollstuhlfahrer besonders gut geeignete **Hotels** sind die C + A Appartements in Pólis (www.ca-hotel-apts.com), Avanti Hotel und Avanti Village (www.avantihotel.com) in Páphos und das Athena Beach Hotel (www.athena-cbh.com) in Páphos. Auf der **Website** des zypriotischen Fremdenverkehrsamtes (www.visitcyprus. com/index.php/de/accessible) finden sich wertvolle Hinweise sowie aktuelle Listen weiterer barrierefreier Unterkünfte und rollstuhlgerechter Strände. Die Website des zypriotischen Behin-

dertenverbands (www.opak.org.cy) ist nur auf Griechisch, aber telefonisch ist eine Beratung auf Englisch möglich (22496494) . Der EU-einheitliche blaue Parkausweis für **Behindertenparkplätze** gilt auch auf Zypern. Im Nordteil der Insel ist das Angebot für Reisende mit Handicap eingeschränkter.

Diplomatische Vertretungen

Die Auslandsvertretungen Ihres Heimatlandes bieten Ihnen Unterstützung, wenn Sie z.B. Reisedokumente verloren haben, und vermitteln, falls es zu Problemen mit zyprischen Behörden kommen sollte. Allerdings gilt der konsularische Schutz nicht in Nordzypern. Da die sogenannte »Türkische Republik Nordzypern« international nicht anerkannt ist, gibt es dort auch keine diplomatischen Vertretungen.

Deutsche Botschaft

■ Nikitára 10, 1080 Nikosia, www.nikosia. diplo.de, Tel. 22451145, Notfalltelefon außerhalb der Bürozeiten Mobil 99689325 (auch SMS)

Österreichische Botschaft

■ Dimosthéni Sevéri 34, 1. Stock, Büro 101, 1080 Nikosia, www.bmeia.gv.at/botschaft/nikosia/die-botschaft.html, Tel. 22410151

Schweizerische Botschaft

■ Polyvíou Dimitrakopoúlou 2/Prodrómou, 2. Stock, 1090 Nikosia, Tel. 22466800, www.eda.admin.ch/nicosia

Feiertage

Republik Zypern

1. Januar (Neujahr), 6. Januar (Dreikönigstag), Rosenmontag (»Katharά Deftéra«, 11.03.2019, 02.03.2020), 25. März (Beginn des griechischen Unabhängigkeitskampfes), 1. April (Nationalfeier-

tag), orthodoxer Karfreitag (26.04.2019, 17.04.2020), orthodoxer Ostersonntag (28.04.2019, 19.04.2020) und Ostermontag (29.04.2019, 20.04.2020), 1. Mai (Tag der Arbeit), orthodoxer Pfingstmontag (17.06.2019, 08.06.2020), 15. August (Maria Himmelfahrt), 1. Oktober (Tag der Unabhängigkeit Zyperns), 28. Oktober (griechischer Nationalfeiertag, »Óchi-Tag«), 25./26. Dezember (Weihnachten).

Nordzypern

1. Januar (Neujahr), 23. April (Feiertag der nationalen Souveränität und des Kindes), 19. Mai (Tag der Jugend und des Sports), 20. Juli (Tag der Invasion auf Zypern 1974), 1. August (Tag des Widerstandes), 30. August (türkischer Nationalfeiertag), 29. Oktober (Tag der Gründung der Türkischen Republik), 15. November (Proklamation der »Türkischen Republik Nordzypern«). Bewegliche Feste sind das Zuckerfest (4./5.06.2019, 23./24.05.2020) und das Opferfest (11.–15.08.2019, 30.07.–03.08.2020).

 Geld und Währung

In der Republik Zypern ist der Euro, in Nordzypern die Türkische Lira (TL) Zahlungsmittel. Man kann auch im Norden oft mit Euro zahlen, allerdings bekommt man meist TL zurück.

Wechselkurs (Stand Juni 2018): 1 € = 5,16 TL, 1 CHF = 4,31 TL

Größere Hotels, Geschäfte und Restaurants akzeptieren die gängigen **Kreditkarten. Geldautomaten** sind weitverbreitet. Mit der VISA- oder der Master-Kreditkarte kann man an den meisten Bankautomaten Bargeld abheben. Öffnungszeiten der Banken Mo–Fr 8.30–13 Uhr, in Touristenzentren ggf. auch nachmittags.

Die **Preise** auf Zypern entsprechen ungefähr den Preisen in Deutschland.

Kosten im Urlaub
(durchschnittliche Angaben)

Tasse Filterkaffee oder Cappuccino	1,50 €/4 TL
Tasse Mokka	1,50 €/4 TL
Softdrink (Limonade)	2 €/8 TL
eine Flasche Bier (0,33 Liter)	3 €/8 TL
eine Flasche etikettierter Wein im Restaurant	15 €/40 TL
Mezé-Essen inkl. Wein oder Bier	20 €/60 TL
Eintritt Museum/archäologische Stätte	4 €/8 TL
Mietwagen/Tag	40 €/100 TL

 Gesundheit

Das öffentliche Gesundheitssystem in der Republik Zypern hat ein hohes Niveau. Viele Ärzte des Landes haben im Ausland studiert und sprechen Englisch. Die deutsche Botschaft in Nikosia hält eine Liste mit deutschsprachigen Ärzten bereit. Bei Vorlage einer **Europäischen Krankenversicherungskarte** haben EU-Bürger und Schweizer in den staatlichen Krankenhäusern Anspruch auf kostenlose Leistungen. Dies gilt allerdings nur für akute Fälle. Bei Zahnbehandlungen und eventuell verordneten Medikamenten ist mit Zuzahlungen zu rechnen. In Nordzypern zahlt man Arztrechnungen gewöhnlich vor Ort und reicht sie anschließend bei seiner Krankenkasse zu Hause ein. Eine Auslandskrankenversicherung empfiehlt sich.

Apotheken sind mit einem grünen Kreuz gekennzeichnet. Auf Zypern sind mit einem ärztlichen Rezept fast

Festivals und Events

Februar
Karneval – Der größte Karnevalskorso findet am Rosenmontag in Limassol statt (www.limassolmuni cipal.com.cy, Suche: carnival).

Umzug beim Blumenfest

März/April
Karfreitagsprozessionen (Republik Zypern) – Das Grab Christi wird symbolisch geschmückt und in einer feierlichen Prozession durch den Ort getragen.
Ostern (Republik Zypern) – Das höchste Fest der Orthodoxie wird am Karsamstag ab 23 Uhr mit einem Gottesdienst eingeläutet.

April bis Juni
Musikalische Sonntagskonzerte – Umsonst und draußen: Die Tourismusorganisation lädt sonntags zu Konzerten (Jazz, Klassik, Folklore, Rock) vor dem Kastell in Páphos, ins Onísilos Seaside Theater in Limassol und auf die Promenade in Lárnaka.

Mai
Anthestíria (verschiedene Termine, in Páphos, Limassol, Lárnaka) – Großes, farbenfrohes Blumenfestival mit prächtigem Korso.

Orangenfest (Güzelyurt) – Umzüge, Musik und Tanz zu Ehren der Zitrusfrucht.

Mai/Juni
Internationales Béllapais-Musikfestival (www.bellapaisfestival. com) – Klassische Musik vor der Klosterruine.
Kataklysmós (»Fest der Flut«, Lárnaka) – Sechstägiges Fest zum Gedenken an die Rettung Noahs vor der Sintflut.

Juni
Shakespeare-Festival (www.shake speareatcurium.com) – Jedes Jahr wird ein anderes Shakespeare-Stück im antiken Theater von Curium aufgeführt. Der Erlös kommt wohltätigen Zwecken zugute.

August
Maria Himmelfahrt (15. August) – Kirchweihfeste in vielen Marienkirchen (z. B. Kíti) mit Gottesdiensten, Tanz und Essen.
Dionýsia – Weinfest in Stroumpí/ Páphos mit Musik und Tanz.

September
Weinfest in Limassol – Tanz, Musik und Weindegustation im Stadtpark.
Pafos Aphrodite Festival – Klassik vor dem Hafenkastell.
Kreuzerhöhung (14. September) – Kirchweihfeste in Lárnaka , Stavrovoúni und Ómodhos.

September/Oktober
Musikfestival – Klassik, World, Rock in Béllapais, Girne und Sálamis.

alle Medikamente erhältlich, im Allgemeinen günstiger als zu Hause. Öffnungszeiten der Apotheken: Sommermonate (April–Okt.) Mo, Di, Do, Fr 8–13.30 und 16–19.30, Mi und Sa 8–13.30 Uhr, Wintermonate (Nov.–März) Mo, Di, Do, Fr 8–13.30 und 15–18.30, Mi und Sa nur 8–13.30 Uhr.

Spätestens ab April ist ein guter **Sonnenschutz** nötig: Sonnencreme, Sonnenbrille und Kopfbedeckung dürfen im Gepäck nicht fehlen. Die UV-Strahlung wird meist unterschätzt. Im Hochsommer steigt die Temperatur sehr häufig auf über 40 °C im Schatten.

Es ist kein besonderer Impfschutz vonnöten. Im Sommer 2017 wurden erstmals nach 50 Jahren drei Fälle von Malaria (Plasmodium vivax) in Nordzypern gemeldet. Aktuelle Hinweise findet man auf der Website des deutschen Auswärtiges Amtes (www.auswaertiges-amt.de).

Haustiere

Wer ein Haustier aus einem EU-Land ein- oder ausführen möchte, benötigt einen **EU-Heimtierausweis,** der von Tierärzten ausgestellt wird. Darin müssen die Kennzeichnung des Tieres mittels Mikrochip (Pflicht für Erstkennzeichnung ab 3.7.2011) oder Tätowierung und eine gültige Tollwutimpfung eingetragen sein. Zwischen Impfung und Reiseantritt müssen 21 Tage liegen. Welpen dürfen erst ab einem Alter von 105 Tagen ein- oder ausreisen. Ein Grenzübertritt innerhalb Zyperns ist mit Tieren nicht möglich.

Diese Hunderassen dürfen nicht nach Zypern einreisen: American Pitbull Terrier, Japanischer Tosa Inu, Dogo Argentino (argentinische Dogge), Fila Brasileiro (brasilianische Dogge).

Informationen

Die **zypriotische Tourismusorganisation (COT)** bietet auf ihrer Website www.visitcyprus.com umfangreiche Informationen (auch auf Deutsch) und Adressen zur Reisevorbereitung. Sie unterhält Büros in allen Städten Zyperns sowie in Berlin, Frankfurt und Zürich:

■ Kurfürstendamm 182, 10707 Berlin (in den Räumlichkeiten der Botschaft Zyperns), Tel. 030 30 86 83 12

■ Schillerstr. 31 (Eingang Taubenstr. 1), 60313 Frankfurt a. M., Tel. 069/25 19 19

■ Rudolfstr. 1, Winterthur, 8400 Zürich, Tel. +41 44 262 33 03

Nordzypern unterhält ein Informationsbüro in Berlin:

■ Joachimsthalerstr. 10–12, 10719 Berlin, Tel. 030 88 92 94 84, www.nordzypern-touristik.de

Die Adressen der Tourismusämter auf Zypern finden Sie jeweils zu Beginn der Orts- und Städtebeschreibungen in diesem Reiseführer.

Klima und beste Reisezeit

Auf Zypern herrscht ein typisches Mittelmeerklima mit langen, heißen Sommern und milden Wintern. Frühling und Herbst sind kurze Übergangszeiten. Zypern ist ein ganzjähriges touristisches Ziel. Im Winter fällt das Thermometer selten unter 10 °C, und bis in den November hinein sind die Wassertemperaturen angenehm. Der kühlste und regenreichste Monat ist der Februar, aber im Durchschnitt scheint auch dann noch sieben Stunden täglich die Sonne. Botaniker und Orchideenfreunde kommen schon im Februar auf die Insel. Für Wanderfreunde ist die beste Reisezeit Mitte März bis Mitte April, wenn ganz Zypern mit einem Blütenteppich belegt ist. Ab Mai sind die Badefreuden ungetrübt. Im Hochsommer klettern die Temperaturen auf weit über 40 °C, viele Strände sind dann überfüllt, die Preise sind hoch. Im Tróodos-Gebirge und an der Küste lassen sich aber auch Extremtemperaturen gut aushalten. Die Trockenzeit hält viele Monate an, die Regenzeit beginnt meist nicht vor November. In der Nebensaison im November locken viele Hotels mit Rabatten, die Temperaturen sind noch mild, Wanderer schätzen die Ruhe und Wärme zu dieser Zeit. Auf dem Olymp liegt im Winter Schnee, ein Skilift lädt zu (kleinen) Wintersportaktivitäten ein. Generell ist der klimatische Unterschied zwischen Berg- und Küstenregion beträchtlich und kann bis zu 10 °C Temperaturabweichung mit sich bringen.

Klimatabelle Zypern

(Angaben sind Durchschnittswerte)

Monat	Luft (°C, min./max.)	Sonne (h/Tag)	Regen-tage	Meer (°C)
Jan.	10,3	6	10	17
Feb.	10,3	7	8	17
März	12,5	8	5	18
April	16,7	9	3	20
Mai	22	9	2	21
Juni	25,6	12	1	24
Juli	28,4	13	0	26
Aug.	28,4	11	0	27
Sept.	25,6	11	1	26
Okt.	20,8	9	3	24
Nov.	16,4	8	5	21
Dez.	12	6	9	19

Nachtleben

Zypern ist nicht das Land mit dem aufregendsten Nachtleben Europas. Für ausgelassenes Strand- und Partyleben ist jedoch in den Sommermonaten im Südosten (rund um Agía Nápa) ausreichend gesorgt. Das einheimische Nachtleben ist auf die Städte beschränkt, Ausnahmen bieten regionale, meist kirchliche Feste. Wegen der hohen Temperaturen im Sommer beginnen Veranstaltungen relativ spät.

Notfall

Wählen Sie in Notfällen in beiden Teilen Zyperns immer die gebührenfreie europäische **Notrufnummer 112.** Unter dieser Nummer erhalten Sie Hilfe von der Polizei, der Feuerwehr oder einem Notarzt oder bestellen einen Krankenwagen. ADAC-Mitglieder können sich in Notfällen auch rund um die Uhr an den **Auslandsnotruf des ADAC** unter Tel. +49/89 22 22 22 wenden. Bei Bedarf werden auch Dolmetscher vermittelt.

Öffnungszeiten

Die Ladenöffnungszeiten unterscheiden sich je nach Saison und Region. Souvenirshops und Supermärkte in touristischen Zentren sind jeden Tag geöffnet. Generell sind die **Geschäfte** täglich außer sonntags von 9–20 Uhr, im Sommer teils bis 20.30 Uhr geöffnet, mittwoch- und samstagsnachmittags sowie im Sommer zwischen 13 und 17 Uhr bleiben viele Geschäfte geschlossen. Reine **Lebensmittelmärkte** oder **Markthallen** sind vormittags geöffnet. Öffnungszeiten von Banken (S. 127) und Post (S. 131) siehe in den jeweiligen Rubriken.

Post

Postämter gibt es in Städten und einigen Dörfern sowie an den internationalen Flughäfen. Sie können auch die gelben oder roten **Briefkästen** nutzen, die Sie entlang der Straße finden. **Briefmarken** erhält man in Postämtern, Postagenturen sowie in vielen Hotels, an Zeitungsständen und Kiosken. Das Porto für eine Standard-Postkarte in alle Länder Europas beträgt bei Redaktionsschluss (Juni 2018) 0,64 €. Hinzu kommt verpflichtend eine 0,02 €-Marke als Nothilfe für die innerzyprischen Flüchtlinge.

Die südzyprischen Postämter erkennt man an der gelben Aufschrift »PTT«. Die Öffnungszeiten sind montags bis freitags von 8–13 und von 14–17 Uhr, die Hauptpost in Nikosia ist auch samstags vormittags bis 12 Uhr geöffnet. Aufgrund der Nichtanerkennung Nordzyperns läuft der Postverkehr von und nach Nordzypern über die Türkei.

 Rauchen

In ganz Zypern ist das Rauchen an öffentlichen Plätzen wie Flughäfen, Einkaufszentren und Schulen verboten. Auch aus der Gastronomie wurden im Innenbereich Zigaretten verbannt. Besonders auf dem Land sieht man aber gelegentlich noch Raucher in Restaurants oder Cafés. Autofahrern ist das Rauchen am Steuer gestattet.

 Sicherheit

Zypern gilt als eines der sichersten Reiseländer in Europa. Von sehr seltenen Taschendiebstählen abgesehen, können sich Touristen sicher fühlen. Auch allein reisende Frauen können

sich sicher bewegen. Zu beachten ist vor allem, dass die von UNO-Truppen bewachte **Pufferzone** nicht betreten werden darf. Sie ist teilweise vermint. Es ist strikt untersagt, die Grenze jenseits der vorgesehenen Checkpoints (Einreise, S. 123) über Land oder Meer zu passieren. Grenz- und Militäranlagen dürfen auf keinen Fall fotografiert werden. Bei Zuwiderhandlung kann die Kamera konfisziert und ein strafrechtliches Verfahren eingeleitet werden. In der »Türkischen Republik Nordzypern« gibt es keinen konsularischen Schutz durch die diplomatischen Vertretungen.

 Sport

Auf Zypern gibt es das ganze Jahr über viele Möglichkeiten für **Outdoor-Aktivitäten** in den Wäldern, an der Küste und in den Bergen. Mit 340 Sonnentagen im Jahr sind die klimatischen Voraussetzungen dafür ideal.

Baden
Die Meerestemperatur an den Küsten Zyperns fällt so gut wie nie unter 16 °C, Schwimmen ist daher ein Sport, den man das ganze Jahr über ausüben kann. Es gibt organisierte Strände, die bewacht sind. Viele Buchten sind durch Wellenbrecher zusätzlich geschützt. Die rote Fahne signalisiert, dass Schwimmen verboten ist.

Joggen
Ob in den Städten an den Strandpromenaden oder rund um den 1951 m hohen Olymp – **Rennen** und **Trail-Running** liegen im Trend, und Laufen kann man immer und überall. In Geroskípou gibt es sogar ein Laufstadion (www.geroskipousportcentre.com).

Golf

Vier teils preisgekrönte 18-Loch-Plätze liegen in herrlicher Landschaft in der Umgebung von Páphos und Limassol. Nordzypern hat eine 5-Sterne-Anlage östlich von Girne. Einen guten Überblick erhält man im Albrecht Golf Guide (www.1golf.eu/golfclubs/zypern).

Radfahren

Hügeliges Hinterland und anspruchsvolle Bergregionen, aber auch viele flache Küstenabschnitte machen Zypern zum Bikerparadies für jedes Niveau. Besonders die Gegend um Pólis im Nordwesten ist bei Radfahrern beliebt. Viele Hotels und private Stationen verleihen City- und Mountainbikes. Die CTO schlägt abwechslungsreiche, teils markierte Touren vor.
In **Nordzypern** gibt es deutlich weniger Fahrradverleihstellen und keine ausgebauten Fahrradwege.
■ www.visitcyprus.com/index.php/de/discovercyprus/sports-training/cycling-trips

Surfen

Die ganze Küste ist bei Surfern beliebt, Unterricht wird in der Saison an allen größeren Badeorten angeboten. **Kitesurfer** schätzen die Wellen- und Windverhältnisse am Lady's Mile Beach an der Halbinsel Akrotíri. Die CTO listet eine Reihe von empfehlenswerten Kursen.
■ www.visitcyprus.com/index.php/de/discovercyprus/sports-training/wind-kite-surfing.

Tennis

Britisches Kolonialerbe? Der Sport erfreut sich auf Zypern großer Beliebtheit, es gibt über 50 mit Flutlicht ausgestattete Tennisplätze, teils in Hotels.
■ www.cyprustennis.com

Tauchen

Milde Wassertemperaturen machen Zypern zum **Tauchgebiet** mit der längsten Saison im Mittelmeer, das Fehlen von Plankton bietet eine ausgezeichnete Sicht. Highlights für Taucher sind die »Sea Caves« am Kap Gréko und zwei Schiffswracks bei Lárnaka. Die Cyprus Federation of Underwater Activities (www.cfua.org) listet alle Tauchschulen.

Wandern

Zypern ist ein Paradies für Wanderer! Das Forestry Department und die CTO haben wunderschöne markierte Naturlehrpfade angelegt. Auf Zypern endet der Europäische Fernwanderweg E4. Die beste Wanderzeit ist im März, wenn der Blütenstand am höchsten ist. Im Norden bieten sich insbesondere die Halbinsel Karpaz und das Pentadáktylos-Gebirge zum Wandern an.
■ www.visitcyprus.com/index.php/de/discovercyprus/nature-3/nature-trails

 Sprache

Die griechischen Buchstaben werden im lateinischen Schriftsystem oft recht unterschiedlich transkribiert. Wundern Sie sich also nicht, wenn Sie auf Schildern verschiedene Transkriptionen vorfinden, wie z.B. »Plateía« und »Platía« für »Platz«. Das in diesem Reiseführer transkribierte Griechisch orientiert sich vorwiegend an der Aussprache, damit Sie die Namen leichter sprechen können. Aus dem gleichen Grund wurde die betonte Silbe mit einem Akzent versehen. In Südzypern sind alle Ortsnamen auch ins Englische transkribiert und auf Schildern doppelt ausgewiesen, in Nordzypern ist das leider noch nicht überall Praxis.

Bitte bedenken Sie, dass Orte im Norden häufig einen türkischen und einen griechischen Namen haben, die voneinander abweichen. In diesen Fällen handelt es sich um die jeweiligen Bezeichnungen vor und nach der Teilung der Insel.

Strom und Steckdosen

Die **Stromspannung** beträgt 220–240 Volt Wechselstrom. Für die englischen, dreipoligen Steckdosen sind Adapter nötig, die die meisten Hotels ausleihen oder die man im Supermarkt günstig erwerben kann.

Telefon und Internet

Die **griechisch-zypriotischen Festnetznummern** bestehen aus acht Ziffern, die mit einer 2 beginnen. Das Mobilfunknetz ist sehr gut ausgebaut, seit Juni 2017 sind Roaming-Gebühren innerhalb der EU abgeschafft. Aufladbare Prepaid-Karten des Gastlandes erhält man an Kiosken und in Supermärkten.

In **Nordzypern** sind die Festnetznummern siebenstellig. Anrufe über die Green Line hinweg gelten als Auslandsgespräche, die Ländervorwahlen müssen mitgewählt werden. Nach Nordzypern wird die Leitung über die Türkei geschaltet, sodass man zunächst die 0090 (Türkei) und anschließend die Vorwahl für Nordzypern 392 wählt und zuletzt die Festnetznummer. Die 11-stelligen Handynummern werden direkt nach der 0090 gewählt. In Nordzypern fallen je nach Handytarif Roaming-Gebühren an.

Kostenloser **Internetzugang** ist mittlerweile Standard in den meisten Hotels und Restaurants.

Internationale Vorwahlen:
- ■ Republik Zypern: 00357
- ■ Nordzypern: 0090392
- ■ Deutschland: 0049
- ■ Österreich: 0043
- ■ Schweiz: 041

Trinkgeld

Trinkgelder sind weitverbreitet und bedeuten eine Anerkennung für eine erbrachte Leistung. Es ist üblich, Kellner, Taxifahrer, Hotelpersonal, ggf. Kirchenwärter oder auch örtliche Reiseleiter mit einer Aufmerksamkeit für die erbrachte Leistung zu honorieren.

Umgangsformen

Die Zyprioten sind offen und sehr gastfreundlich. Man kommt schnell miteinander ins Gespräch. Wer sich nicht ausgezeichnet in der innerzyprischen **Politik** auskennt, sollte jedoch Kommentare zum Zypernkonflikt vermeiden. Das Trauma der türkischen Invasion ist im Süden immer noch sehr präsent, und viele griechische Zyprioten fahren aus persönlichen Gründen nicht nach Nordzypern. Aus Respekt ist daher Zurückhaltung bei Berichten über Nordzypern geboten.

In **Klöstern und Kirchen** wird eine angemessene Kleidung (schulter- und kniebedeckt) erwartet, in Moscheen zieht man die Schuhe aus. Einer Bilderwand (Ikonostásis) in der Kirche dreht man nicht den Rücken zu.

Vielerorts wird eine lange **Siesta** eingehalten, von 14 bis 17.30 Uhr sollte man Privathaushalte nicht anrufen.

Großzügigkeit wird geschätzt, **Feilschen** ist unüblich.

FKK verletzt die moralischen Vorstellungen vieler Zyprioten und ist nicht erlaubt. Topless wird (gezwungenermaßen) an vielen Stränden mittlerweile toleriert. Die Zypriotin selbst zieht den Zweiteiler vor.

Toilettenpapier wird in den Mülleimer und nicht ins WC geworfen.

Unterkunft und Hotels

Ausführliche Informationen zum Hotelangebot in den einzelnen Regionen mit Preisangaben finden Sie jeweils am Ende eines Kapitels (S. 32, 56, 81, 96, 111, 120).

Hotels

Die **Republik Zypern** verfügt über eine sehr gute Hotellerie. Die CTO klassifiziert Hotels mit 1–5 Sternen, was internationalem Standard entspricht, und gibt jährlich eine Gesamtübersicht aller Hotels heraus (www.visitcyprus.com). Im Internet oder über die einschlägigen Hotelportale wie www.booking.com erhält man meist günstige Konditionen. Es empfiehlt sich, rechtzeitig zu reservieren. Das gilt auch für die Nebensaison und den Winter, wenn die Preise um mindestens 20 % günstiger sind. In **Nordzypern** konzentrieren sich die meisten Hotels und Apartments auf die Gegend von Girne und Famagusta. Die Preise sind etwas niedriger als im Süden, aber höher als in der Türkei. Immer mehr Privathäuser werden in schöne B&Bs umgewandelt. Pensionen werden hauptsächlich von Gastarbeitern genutzt.

Ferienwohnungen und Apartments

Für Familien sind Ferienwohnungen und Apartments mit Kochgelegenheit eine oft preiswerte Alternative. Auch Apartments sind von der CTO gelistet und in Kategorien (de luxe, A, B und C) eingeteilt. Privatzimmer wie in Griechenland sind auf Zypern unüblich. Bei den Angeboten auf www.airbnb.de handelt es sich zum großen Teil um Besitzer von Ferienapartments. Die Preise variieren stark je nach Lage, Größe, Ausstattung und Saison.

Camping

Campingplätze sind auf Zypern nicht sehr beliebt, mit Ausnahme des Campingplatzes in Tróodos, wohin die Zyprioten vor der Sommerhitze flüchten.

Agrotourismus

Eine Alternative zu den klassischen Hotels und Ferienwohnungen ist der Agrotourismus: Mithilfe der CTO wurden im Landesinneren Dörfer im landestypischen Stil restauriert und »traditional houses« in Hotels oder Hotel-Apartments umgewandelt. Fern vom Massentourismus ist dies eine besonders sozialverträgliche und angenehme Form des Tourismus (www.agrotourism.com.cy).

Verkehrsmittel im Land

Bus

In den letzten Jahren hat die Regierung der **Republik Zypern** viel getan, um die Zyprioten vom eigenen Auto in den öffentlichen Nah- und Überlandverkehr zu locken. Davon profitieren auch die Touristen. Zwischen den Städten verkehren regelmäßig **Intercity-Busse.** Ins Tróodos-Gebirge fahren Busse von Limassol. Die Buspreise sind sehr günstig, so kostet beispielsweise eine Fahrkarte von Lárnaka nach Limassol nur 4 € (Stand: Juni 2018). Auch Stadt- und Dorffahrten sind mit 1,50 € günstig. Vom Flughafen Lárnaka verkehrt alle 30 Minuten die Buslinie 425 in die Innenstadt. Aktuelle Fahrpläne und Fahrstrecken unter www.cyprusbybus.com. In **Nordzypern** ist das öffentliche Nahverkehrssystem dürftig.

Mietwagen

Das Mindestalter für die Anmietung eines Autos liegt bei 21 Jahren. Von Fahrern unter 25 und über 70 Jahren wird häufig eine zusätzliche Gebühr verlangt. Fahrer müssen drei Jahre im Besitz des Führerscheins sein. Informieren Sie sich vor Buchung des Wagens über die Konditionen der jeweiligen Autovermietung. Zubehör wie Kindersitze oder Navigationsgeräte müssen ggf. gesondert bestellt werden. Kinder bis 12 Jahre bzw. unter 150 cm Körpergröße müssen im Kindersitz sitzen oder mit speziellen Sicherheitsgurten angeschnallt sein.

In den Sommermonaten sollte wegen der extrem heißen Temperaturen auf eine Klimaanlage nicht verzichtet werden. Ratsam ist ein Auto mit **Automatik,** da man sich so ganz auf den Linksverkehr konzentrieren kann und nicht mit der linken Hand nach den Gängen suchen muss.

Für viele Touristen ist der auf der gesamten Insel geltende Linksverkehr ungewohnt. Da daher die Unfallgefahr erhöht ist, ist man mit einer **Vollkaskoversicherung** gut beraten. Einheimische Fahrer nehmen im Allgemeinen Rücksicht auf Mietwagen, die sie an den roten Kennzeichen erkennen.

Intercity-Sammeltaxi

Eine zypriotische Besonderheit und bequeme Alternative zu den grünen Intercity-Bussen sind preisgünstige **Sammeltaxis** in überlangen Mercedes-Limousinen oder kleinen Vans mit acht Plätzen. Sie verkehren tagsüber mindestens stündlich zwischen den Städten, der Preis ist fest und unabhängig von der Anzahl der Mitreisenden. Der Vorteil gegenüber dem Bus: Mit dem Sammeltaxi wird man am Flughafen oder innerhalb des Stadtgebietes am Wunschort abgeholt und abgesetzt. Eine **Bestellung** ist telefonisch unter 7777474 möglich oder online unter www.travelexpress.com.cy. In **Nordzypern** verkehren ebenfalls sehr günstige Sammeltaxen auf festen Routen zwischen Städten und größeren Dörfer (»dolmuş«).

Zeitverschiebung

Auf Zypern gilt ganzjährig die osteuropäische Zeit, also MEZ + 1 Stunde.

Zollbestimmungen

Es gelten die folgenden **Freimengen** innerhalb der EU für Ein- und Ausreise: 800 g Zigaretten, 400 Zigarillos, 200 Zigarren, 1 kg Tabak, 10 l Spirituosen, 10 l alkoholhaltige Süßgetränke (Alkopops), 20 l andere alkoholische Getränke bis 22 %, 60 l Schaumwein, 110 l Bier, 10 kg Kaffee.

Für die Ausreise in die Schweiz sind folgende Waren zollfrei: 5 l alkoholische Getränke bis 18 % oder 1 l mit höherem Alkoholgehalt, 250 Zigaretten, Zigarillos, Zigarren oder 250 g Tabak, Souvenirs bis zu einem Gesamtwert von 300 CHF (Quittungen aufbewahren).

Nordzypern gilt als Drittland. Wer zwischen den Landesteilen reist, darf nicht mehr als zwei Schachteln Zigaretten und Waren im Gesamtwert von 135 € mitführen.

Die Geschichte Zyperns

Ab 9000 v. Chr. erste Besiedlung

Ab 3000 v. Chr. Der Kupferabbau und -export begründet Zyperns Handelsaktivität.

Ab 2000 v. Chr. Handelskontakt mit der Ägäis und Einwanderung

Ab 1050 v. Chr. Phönizische Einwanderer, Gründung von Stadtkönigtümern; in den folgenden Jahrhunderten assyrische, ägyptische und persische Vorherrschaft

331 v. Chr. Nach dem Tod Alexanders des Großen gerät Zypern in den Streit seiner Nachfolger und wird Provinz des ägyptischen Ptolemäerstaates.

58 v. Chr.–395 n. Chr. Teil des Römischen Reiches

45 Missionsreise der Apostel Barnabas und Paulus auf Zypern

395 Durch die Teilung des Römischen Reiches gerät Zypern an Ostrom und untersteht Byzanz.

480 Zyperns Kirche wird autokephal (unabhängig).

Ab 649 arabische Einfälle

1189–1191 Isaak Komnenos ruft sich zum Kaiser von Zypern aus.

1192–1489 Kreuzfahrerstaat unter den Lusignan und Drehkreuz des Levantehandels.

1492–1571 Teil der Seerepublik Venedig, Famagusta ist wichtigster Hafen.

1571–1878 Teil des Osmanischen Reiches, die heutigen türkischen Zyprer sind Nachfolger der Osmanen.

1878–1960 Teil des British Empire.

Ab 1955 EOKA-Aufstand gegen die britische Herrschaft. Griechische und türkische Zyprer verfolgen unterschiedliche Interessen: die griechischen Zyprer fordern »Énosis«, die Vereinigung mit dem griechischen »Mutterland«, die türkischen Zyprer entgegnen mit »Taksim«, Teilung.

16.08.1960 Zypern wird erstmals in seiner Geschichte unabhängig.

1963–64 bürgerkriegsähnliche Auseinandersetzungen zwischen der orthodoxen und muslimischen Bevölkerung

20.07.1974 Nach einem Putschversuch der griechischen Junta gegen Makários macht die Türkei von ihrem Recht als Garantiemacht Gebrauch und fällt auf der Insel ein.

16.08.1974 Trotz Wiederherstellung der Demokratie in Griechenland und Einigung auf einen Waffenstillstand erfolgt eine zweite Invasion der Türkei. Seither sind 37 % des Inselterritoriums türkisch besetzt.

1983 Der Führer der türkischen Zyprer, Rauf Denktasch, proklamiert die »Türkische Republik Nordzypern«. Sie ist bis heute völkerrechtlich nur von der Türkei anerkannt.

2004 EU-Beitritt

2012 schwere Wirtschaftskrise

2017 Páphos ist Europäische Kulturhauptstadt

1974 marschiert die Türkei in Zypern ein – ein Wendepunkt in der Geschichte

Griechisch und Türkisch für die Reise

Das Wichtigste in Kürze	Aussprache Griechisch	Griechisch	Türkisch
Ja/Nein	né/óchi	ναι/όχι	evet/hayır
Bitte	parakaló	παρακαλώ	lütfen
Danke	efcharistó	ευχαριστώ	teşekkürler
Hallo!/Auf Wiedersehen!	Jássu! Jássas!	Γειά σου! (Singular) Γειά σας! (Plural)	Merhaba!/Tekrar gürüşmek üzere!
Guten Morgen!/ Guten Tag!	Kaliméra!	Καλημέρα!	Günaydın! İyi günler!
Guten Abend!	Kalispéra!	Καλησπέρα!	İyi akşamlar!
Gute Nacht!	Kaliníchta!	Καληνύχτα!	İyi geceler!
Mein Name ist …	To ónoma mu íne …	Το όνομα μου είναι …	İsmim …
Entschuldigung!	Signómi!	Συγνώμη!	Özür dilerim!/Pardon!
Achtung!/Vorsicht!	Prossochí!	Προσοχή!	Dikkat!
Ich verstehe Sie nicht.	ðen sas katalawéno.	Δεν σας καταλαβαίνω.	Sizi anlamıyorum.
Wie viel kostet das?	Pósso kostísi aftó?	Πόσο κοστίζει αυτό;	Bu ne kadar?
Damen/Herren	ginekón/andrón	Γυναικών/Ανδρών	Bayanlar/Baylar
geöffnet/geschlossen	anichtó/klistó	ανοιχτό/κλειστό	açık/kapalı
gestern/heute/morgen	chtés/símera/áwrio	χτές/σήμερα/αύριο	dün/bugün/yarın
Wo ist …?	Pú íne …?	Που είναι …;	… nerede?
Nord/Süd	worrás/nótos	Βορράς/Νότος	kuzey/güney
West/Ost	ðíssi/anatolí	Δύση/Ανατολή	batı/doğu
Ich möchte …	Thélo …	Θέλω …	… istiyorum
Die Rechnung, bitte!	Ton logariasmó, parakaló!	Τον λογαριασμό, παρακαλώ!	Hesap, lütfen!

Wochentage

Montag	ðeftéra	Δευτέρα	Pazartesi
Dienstag	tríti	Τρίτη	Salı
Mittwoch	tetárti	Τετάρτη	Çarşamba
Donnerstag	pémpti	Πέμπτη	Perşembe
Freitag	paraskewí	Παρασκευή	Cuma
Samstag	sáwwato	Σάββατο	Cumartesi
Sonntag	kiriakí	Κυριακή	Pazar

Hinweise zur Aussprache

Griechisch

Θ wie englisches ›th‹ in ›thanks‹, mit der Zungenspitze zwischen den Zähnen

δ wie englisches ›th‹ in ›the‹, mit der Zungenspitze hinter den Zähnen

´ der Buchstabe mit Akzent wird betont

Türkisch

c wie ›dsch‹, Bsp.: Naci = Nadschi, Haci = Hadschi

ç wie ›tsch‹, Bsp.: Çoban = Tschoban

ğ Bsp.: Oğlan = Owlan (das w nur mitschwingen lassen, wie im Englischen: Howard)

ı (i ohne Punkt) zwischen ›a‹ und ›i‹ liegend

ş wie ›sch‹

s entspricht dem Deutschen ß, Bsp.: Maß

v w, Bsp.: Evet = Ewet

z s, Bsp.: Sizi = Sisi (weiches s wie in Saison)

Alle Blickpunkt-Themen in diesem Band:

Register

Register

Impressum

Herausgeber: GRÄFE UND UNZER VERLAG GmbH, Postfach 86 03 66, 81630 München
Leitender Redakteur: Benjamin Happel
Autorin: Ellen Katja Jaeckel
Verlagsredaktion: Nora Köpp (verantw.), Gernot Schnedlitz, Katja Tegler, Nadia Turszynski
Lektorat: Elke Sagenschneider Texte und Projekte, München
Satz: uteweber-grafikdesign
Bildredaktion: Dr. Nafsika Mylona
Schlusskorrektur: Ulla Thomsen
Reihengestaltung: Eva Stadler
Kartografie: Kunth Verlag GmbH & Co. KG, München
Herstellung: Mendy Willerich
Druck: Drukarnia Dimograf Sp z o.o. (Polen)

Ansprechpartner für den Anzeigenverkauf:
KV Kommunalverlag GmbH & Co. KG, MediaCenter München,
Tel. 089/928 09 60

ISBN 978-3-95689-466-4
1. Auflage 2018

© 2018 GRÄFE UND UNZER VERLAG GmbH, München
ADAC Reiseführer Markenlizenz der ADAC Verlag GmbH & Co. KG, München

Leserservice
adac@graefe-und-unzer.de
Tel. 00800/72 37 33 33 (gebührenfrei in D, A, CH)
Mo–Do 9–17 Uhr, Fr 9–16 Uhr

Bei Interesse an maßgeschneiderten B2B-Produkten:
gabriella.hoffmann@graefe-und-unzer.de

Ein Unternehmen der
GANSKE VERLAGSGRUPPE

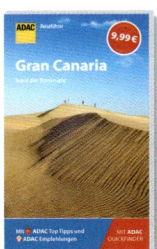

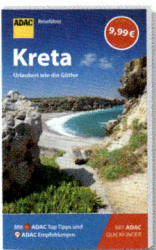
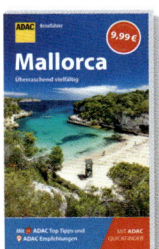

Unterwegs auf Zypern

Strandjogging

Sie joggen auch im Urlaub gern? In Káto Páphos verläuft die optimale Strecke: Hinter den Hotels geht's immer am Meer entlang, denn alle Hotels sind verpflichtet, eine öffentliche Trasse durch ihr Grundstück führen zu lassen. Die Strecke beginnt auf Höhe der Leofóros Poseidónos 4, dort biegen Sie ab Richtung Strand. Auch in Limassol können Sie joggen gehen: Hier bietet sich die Strecke vom alten Hafen nach Amathoús an, mit bestem Blick auf große Pötte und protzige Jachten.

Fahrradfahren auf Zypern

Mit E-Bike und Mountainbike ist man in den Bergen mobil, und mit dem City-Bike lassen sich bequem die Küstenorte erkunden. Das örtliche Fremdenverkehrsamt hat bereits 27 Radwege unterschiedlicher Länge und Schwierigkeit markiert und stellt ständig weitere Tour-Empfehlungen für Biker zusammen.

■ www.visitcyprus.com, Rubrik »Sport und Training«

Wandern

Der Europawanderweg 4 endet auf Zypern und verläuft von der Halbinsel Akámas bis zum Kap Gréko. Der Wanderer hat die Auswahl aus mehr als 50 gut ausgeschilderten und gepflegten Wanderwegen, die schönsten davon im Tróodos.

■ www.visitcyprus.com, Rubrik »Natur«

Intercity-Sammeltaxi

Zwischen den Städten verkehren auch preisgünstige Sammeltaxis für bis zu acht Personen (Preise 8,50–12 € p.P. und Strecke). Dafür werden Sie am gewünschten Ort abgeholt und abgesetzt. Telefonische Reservierung empfehlenswert.

■ Details auf S. 23